Winfried Röser

Klassenrat in der Sekundarstufe

Ein praxiserprobter Leitfaden mit Kopiervorlagen

5.–10. Klasse

PERSEN

Der Autor

Winfried Röser studierte Lehramt für Grund- und Hauptschulen mit den Förderschwerpunkten Religion, Geschichte und Mathematik und war als Schulleiter tätig. Er ist Autor zahlreicher Veröffentlichungen in den Fächern Deutsch, Ethik und Religion.

Gedruckt auf umweltbewusst gefertigtem, chlorfrei gebleichtem und alterungsbeständigem Papier.

2. Auflage 2020

Illustration: Stefan Lucas
Satz: Satzpunkt Ursula Ewert GmbH, Bayreuth

ISBN: 978-3-403-20165-6

www.persen.de

Inhaltsverzeichnis

Vorwort

Rechtsstaatlichkeit, Solidarität und Partizipation sind drei prägende Säulen der demokratischen Staatsordnung der Bundesrepublik Deutschland. Damit ein solches System funktionsfähig bleibt, bedarf es des mündigen Bürgers. Damit ist ein Bürger umschrieben, der sich aktiv handelnd und bejahend für Demokratie und Gemeinwesen einsetzt und diese sowohl ideell als auch durch sein Beispiel unterstützt.

Schlagworte der letzten Jahre weisen jedoch auch auf einen anderen Bürgertyp hin und umschreiben ihn mit Begriffen wie Politikverdrossene, Wutbürger oder Nichtwähler. Diese nehmen zwar gerne die Vorteile des demokratischen Staatswesens für sich in Anspruch, lassen aber letztlich keinen positiven Einsatz dafür erkennen. Vor dem Hintergrund dieser Demokratieverdrossenheit, dem ständigen Anstieg von nationalistischen Tendenzen und der oft damit verbundenen Radikalisierung muss die Schule dem Heranwachsenden Informationen, Antworten und Verhaltensweisen zur Verfügung stellen und damit einen Gegenpol zu dem alles andere als vorbildlichen Verhalten vieler Erwachsener vor Augen führen.
Daher lautet auch der Grundauftrag der Schule, die Schüler[1] zu mündigen Bürgern in unserer demokratischen Gesellschaft zu erziehen. Diese Erziehung zur Demokratie muss als fachübergreifendes Prinzip für alle Schularten gelten und grundgelegt werden, denn Demokratie ist mehr als Wissen, das man sich im Politik- bzw. Sozialkundeunterricht aneignet. Demokratie muss gelernt, geübt, verstanden und verinnerlicht werden.

Kindern und Jugendlichen muss die Schule die Möglichkeit eröffnen, unter Berücksichtigung ihrer Altersstruktur demokratisches Handeln als Lebensform zu erfahren. Somit trägt die Schule in besonderem Maße die Verantwortung dafür, dass durch die Bereitstellung entsprechender Kompetenzen in den Schülern die Bereitschaft geweckt wird, demokratisches Handeln als grundlegend anzusehen, dieses selbst auszuprobieren und aktiv mitzugestalten. So kann letztlich der Weg zum mündigen Bürger in unserer demokratischen Gesellschaft angebahnt und hoffentlich erfolgreich begonnen werden.

Das alte Bild der drei Affen, die nichts sehen, nichts hören und nichts sagen, weicht einem neuen:

bewusst hören

bewusst sehen

bewusst denken

bewusst sagen

[1] Wir sprechen hier wegen der besseren Lesbarkeit von Schülern bzw. Lehrern in der verallgemeindernden Form. Selbstverständlich sind auch alle Schülerinnen und Lehrerinnen gemeint.

1 Demokratieerziehung in der Schule

Der im Vorwort skizzierte Erziehungs- und Bildungsauftrag der Schule ist heute theoretisch allgemein anerkannt. Die praktische Umsetzung dagegen wird als sehr anspruchsvoll angesehen und bereitet vielen am Schulleben beteiligten Personen noch Kopfzerbrechen. Demokratie als Unterrichtsprinzip umfasst mehr, als Kenntnisse zu erwerben, darüber zu sprechen oder zu diskutieren. Demokratie muss erlebt und miterlebt werden, praktisch umgesetzt und somit für jeden spürbar und nachvollziehbar sein. Wo sollen die Kinder und Heranwachsenden denn Demokratie erleben, wenn nicht in dem Raum, der einige Jahre für sie einen Teil des Lebens umfasst? Nicht ohne Grund wird deshalb auch Schule im Sinne von Lern- und Lebensraum verstanden.

Demokratieerziehung in der Schule läuft zwangsweise auf verschiedenen Ebenen ab. Die unterste Ebene ist hierbei die der Schulklasse, die jeden Schüler der Schule erfasst. Auf dieser Klassenebene wird Demokratieerziehung durch den **Klassenrat** praxiswirksam, die Versammlung der jeweiligen Klasse, in der jeder Schüler die Möglichkeit und Chance erhält, Anliegen vorzutragen, Meinungen zu äußern, Beschlüsse zu fassen, um so das Zusammenleben in der Schulklasse mitzugestalten. Entscheidungen sind also nicht mehr ausschließlich der Institution Schule vorbehalten, sondern werden in die Verantwortung der Klasse gelegt. Wie in einem demokratischen Staatswesen üblich sucht sich auch die Schulklasse per Wahl eine adäquate Vertretung in Form des Klassensprechers und seines Stellvertreters. Diese sind den Anliegen der Klasse verpflichtet und dienen als Sprachrohr für die weiteren Ebenen.

Weitaus bekannter als der Klassenrat ist die **Schülervertretung (SV)**, die aus dem jeweiligen Klassensprecher und dessen Stellvertreter aller Klassen der Schule besteht und an deren Spitze der Schülersprecher (mit seinem Stellvertreter) agiert. Diese oberste Ebene vertritt Belange der gesamten Schülerschaft. Individuelle Probleme und Fragen einer Schulklasse spielen in diesem Gremium, wenn überhaupt, eine untergeordnete Rolle.
Unterstützung und Beratung vor allem in rechtlichen Fragen findet die SV durch den Verbindungs- oder Vertrauenslehrer, der von der Schülerschaft gewählt wird.
Durch die Teilnahme und Mitwirkung an Konferenzen, allerdings nur in beratender Form, hat die SV einen direkten Draht zu Schulleitung, Elternschaft und Lehrerkollegium. Im Bewusstsein vieler Schüler ist die SV als ihre Vertretung oft nicht hinreichend präsent. Man bekommt zwar mit, dass Klassensprecher und Stellvertreter zu SV-Sitzungen eine Unterrichtsstunde versäumen und erfährt auch in der Regel das, was besprochen und abgestimmt wurde, dennoch fehlt eine direkte Verankerung im Bewusstsein der Schüler als Möglichkeit zur Demokratieerziehung.

Zwischen unterster Ebene (Klassenrat) und oberster Ebene (SV) liegt in manchen Schulen noch die **Stufenvertretung**, die Fragen, Anregungen und Probleme von Klassenstufen thematisiert, wie z. B. in der Stufe 9 die Frage von Betriebspraktikum oder Bewerbertraining.

Ebenso wird an manchen Schulen die **Schülervollversammlung** gepflegt, bei der alle Schüler der Schule an einer gemeinsamen Versammlung teilnehmen können. Dieses Gremium, das im Idealfall von Schülern geleitet wird, bietet ein breites Forum zum Austausch der Schüler untereinander und zu Fragen und Anregungen an Mitglieder der Schulleitung oder bestimmte Fachlehrer. Auch hier können die teilnehmenden Schüler hautnah erfahren, dass ihre Probleme, Anregungen oder Fragen ernst genommen werden und somit ein Schritt hin zur Demokratisierung innerhalb der Schule gegangen wird.

Demokratieerziehung in der Schule lebt auch von der Vernetzung unterschiedlicher Ansprech- bzw. Kooperationspartner:

Der Verbindungs- oder Vertrauenslehrer stellt das direkte Verbindungsglied zwischen Schule (insbesondere Schulleitung und Lehrerkollegium) und Schülerschaft dar und setzt sich vorrangig für die Belange der Schülerschaft ein. So kann den Schülern das Gefühl vermittelt werden, ernst genommen und gefragt zu werden und so an der Gestaltung von Schule und Unterricht mitsprechen zu können. Der Verbindungslehrer nimmt an von ihm oder den Schülern einberufenen SV-Sitzungen teil.

An vielen Schulen gibt es die sogenannten Streitschlichter. **Streitschlichtung** ist der Versuch, Konflikte vor allem zwischen Schülern mit Unterstützung eines unparteiischen Dritten zu lösen und zu einem Ergebnis zu gelangen, das beide Seiten zufriedenstellt und bei dem es keinen Sieger und Verlierer gibt. In diesem Prozess sind vorrangig Schüler eingebunden, die entsprechend ausgebildet und geschult wurden und denen zur Unterstützung Lehrer zur Seite stehen, die sich besonders für die Streitschlichtung engagieren.

Ein besonderes Augenmerk liegt heute in der **Schulsozialarbeit**, die in immer mehr Schulen Eingang findet. Schulsozialarbeit bedeutet zunächst eine offizielle Kooperation zwischen Jugendhilfe und Schule. Sozialpädagogische Fachkräfte stehen kontinuierlich und möglichst ganztägig in der Schule zur Verfügung, für die Menschen, die dort lernen und arbeiten. Probleme im schulischen, familiären oder sozialen Kontext sowohl beim einzelnen Schüler als auch bei Schülergruppen bis hin zur Schulklasse stehen im Fokus des Auftrags von Schulsozialarbeitern – insbesondere dort, wo die Handlungsreichweite der Lehrpersonen überschritten wird bzw. Lehrende und Schulleitung um Hilfe und Unterstützung bitten. Die Schüler erfahren den Schulsozialarbeiter als neutrale Vertrauensperson, die institutionell unabhängig agieren kann und für sie jederzeit erreichbar ist. Damit werden sie nicht mehr nur als Lernende, sondern als in der Schule lebende Personen wahrgenommen mit all ihren unterschiedlichen und individuellen Bedürfnissen und sozialen Beziehungen. Auch dieser Ansatz zielt mit auf die Demokratieerziehung in der Schule ab, die sich um Probleme kümmert und dem Schüler vermittelt: Selbst wenn du der scheinbar Schwächere bist, steht dir professionelle Hilfe bei deinen Problemen zur Verfügung. Die Schule kümmert sich um dich. Unterstützt werden kann die Schulsozialarbeit durch zusätzliche Angebote, wie z. B. einen Jobscout, der sich speziell um berufliche Fragen kümmert.

Das folgende zusammenfassende Schaubild zeigt die einzelnen Gremien und deren Vernetzung bei der Demokratieerziehung in der Schule, ohne dass damit ein Anspruch auf Vollständigkeit erhoben wird.

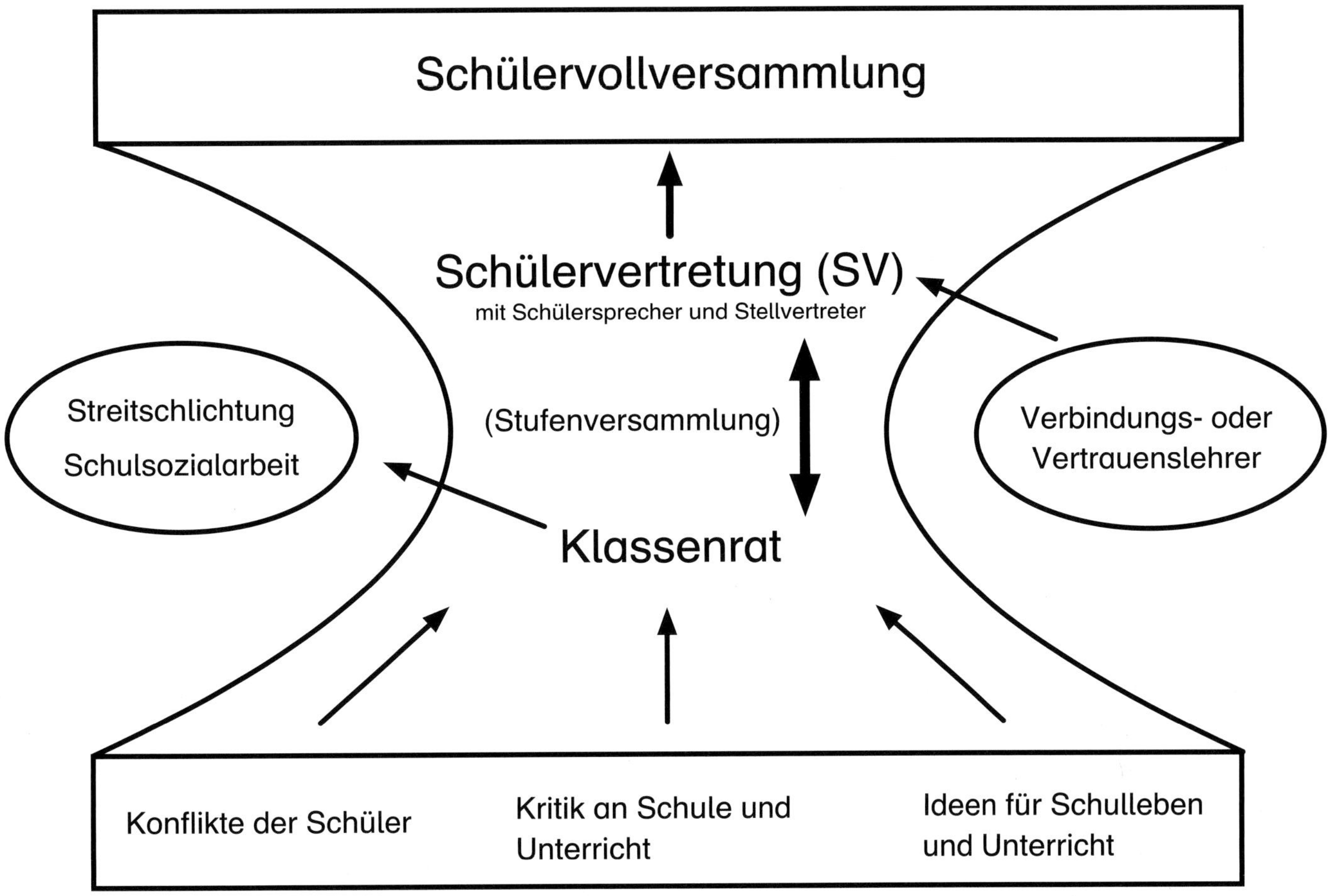

Das Schaubild verdeutlicht die Bedeutung des Klassenrates als grundlegendes Element der Demokratieerziehung in der Schule.
Konflikte der Schüler untereinander, die Klasse betreffende Kritik an Unterricht oder Lehrern sowie Ideen, Wünsche oder einfache Anregungen für den täglichen Unterricht bzw. das Schulleben, z. B. die Planung eines Wandertages – alle diese Intentionen nehmen ihren Ausgangspunkt im Klassenrat.

2 Theorie des Klassenrates

2.1 Was ist der Klassenrat?

Der Klassenrat ist eine institutionalisierte Stunde in jeder Schulwoche, die im Stundenplan der Klasse fest verankert ist. Sie kann zu einer festgelegten Zeit (beispielsweise immer freitags, 5. Stunde) oder auch rotierend eingesetzt werden. Begleitet wird sie in der Regel vom Klassenlehrer.
In dieser wöchentlichen Sitzung beraten, diskutieren und entscheiden die Schüler der jeweiligen Klasse. Sie bringen die Themen ein, sie führen die Sitzungen durch, sie verteilen die Rollen innerhalb der Sitzungsstruktur und sie bemühen sich um akzeptable Lösungen. Die Gestaltung liegt also fest in der Hand der Schüler.
Dabei umfassen die Themen alle Bereiche, die die Klasse tangieren: Zusammenleben in der Klasse und in der Schule, aktuelle Probleme oder Konflikte, die Organisation des Lernens und des Unterrichts sowie die gemeinsame Planung von besonderen Aktivitäten. Dabei entscheidet allein die Klasse, was für sie ein wichtiges Thema ist, sollte es auch noch so banal sein.
Der Klassenrat ist somit ein Ort der demokratischen Partizipation, bei dem die Schüler verantwortungsvoll und unter einem festen Bezugsrahmen über ihre dringenden Fragen und Wünsche entscheiden können.

2.2 Begründung des Klassenrates

Der Klassenrat ist kein Gremium, das um seiner selbst willen existiert, sondern dem pädagogische Begründungen und Rechtfertigungen zugrunde liegen. Die drei Kernbegriffe lauten hierbei Gemeinschaft, Kompetenzen und Demokratie.

2.2.1 Gemeinschaft stärken

Im Klassenrat wird das Zusammenleben und -wirken in der Schulklasse besonders gefördert. Die Schüler verbalisieren ihre Probleme, sie diskutieren über Vorhaben, sie besprechen Maßnahmen, um möglichst ohne Konflikte auszukommen, sie bewerten bestimmte Verhaltensmuster von Schülern oder auch Lehrpersonen und sie unterbreiten Vorschläge für besondere Projekte oder Vorhaben, planen diese und setzen sie um.
Der Klassenrat führt die Schüler so zu einem bewussteren Miteinander unter Vermeidung von gewalttätigen Auseinandersetzungen. Die Gemeinschaft wird gefördert, der Zusammenhalt gestärkt und somit ein positives Lernklima entwickelt, in dem die Schüler sich aufgehoben und angenommen fühlen können.

Daraus lassen sich folgende Intentionen und Ziele formulieren:

- erfahren, dass gemeinsam Probleme nachhaltiger zu lösen sind
- erfahren, dass Vorhaben oder Wünsche durch gemeinsame Planung auf ein breites Fundament gestellt werden
- vermitteln, dass dadurch die Kooperationsfähigkeit innerhalb der Klasse gestärkt, Meinungsbildung und Kritikfähigkeit herausgefordert werden
- verstehen, dass der Einzelne für die Gemeinschaft von Bedeutung ist
- merken, dass das Vertrauen in die Gemeinschaft wächst
- Angst verlieren, sich innerhalb der Gemeinschaft zu öffnen

- Verantwortung übernehmen für die Gemeinschaft
- bereit werden, Vorschläge und Beschwerden, nicht nur aus eigenem Interesse einzubringen, sondern auch deren Auswirkungen auf die Gemeinschaft zu sehen
- verstehen, dass die gemeinsame Arbeit an Konfliktlösungen für den Einzelnen wie die Gemeinschaft bedeutsam ist
- somit letztlich zu einer besseren Klassengemeinschaft zu gelangen

2.2.2 Kompetenzen erwerben

Im Klassenrat steht neben den Inhalten vor allem die Vermittlung von Kompetenzen im Mittelpunkt. Kompetenzen sind fachübergreifende Fähigkeiten, welche die Schüler für ihre gesamte Schulzeit, letztlich für ihr gesamtes Leben erwerben. Dies betrifft sowohl die Kommunikations- als auch die Sozial- und Methodenkompetenz.

Im kommunikativen Bereich sind zunächst das Zuhören und das freie Sprechen zu nennen. Zuhören bedeutet, auf die Worte des Vorredners zu achten und zu versuchen, ihn und seine Argumentation zu verstehen, um dann zu dem Gehörten selbst etwas sagen zu können bzw. seine eigene vielleicht auch widersprüchliche Meinung vorzutragen. Dieses freie, aber auch gezielte Sprechen, mit oder ohne besonderen Gesprächsanlass, ist Grundlage jeder Kommunikation und wird im Klassenrat ständig gefordert.
Hieraus ergeben sich weitere Kompetenzen für eine gelungene Kommunikation: das faire Diskutieren ohne Beleidigungen oder persönliche Angriffe, das Akzeptieren einer anderen Meinung sowie sich aus dem Gesagten oder Gehörten eine eigene begründete Meinung zu bilden und diese dann auch vor anderen ohne Angst zu vertreten.
Zum aktiven Zuhören gehört auch das Nachfragen, wenn etwas unklar geblieben ist oder nicht verstanden wurde.

Bei den Sozialkompetenzen geht es zunächst um das Einhalten von vereinbarten Gesprächsregeln wie aussprechen lassen, nicht unterbrechen oder hereinrufen, das Melden, um zu Wort zu kommen, eine möglichst frei von Emotionen gewählte Sprache, klare und deutliche Aussagen oder auch nur das einfache Ansprechen mit dem Vornamen. Solche Gesprächsregeln sind nicht nur Grundlage der Kommunikation, sondern legen auch die Basis für ein sozial angemessenes Verhalten in der Schule und im späteren Leben. Die Achtung der Meinung des anderen, der wertschätzende Umgang mit seinem Gegenüber oder auch die Fähigkeit, sich in den anderen hineinversetzen zu können, werden im Klassenrat zwangsläufig, oft auch unbemerkt, angesprochen und umgesetzt.
Gleichzeitig wird im Klassenrat jeder Schüler mit der Wahrnehmung seiner Person durch die Mitschüler konfrontiert und muss diese mit seiner selbst gewonnenen Eigenwahrnehmung in Einklang bringen und gegebenenfalls sein eigenes Bild auch korrigieren.
Gerade im sozialen Bereich spielen Gefühle eine nicht zu unterschätzende Rolle. Im Klassenrat werden Schüler genötigt, auch über Gefühle, positive wie negative, zu sprechen, diese zu verbalisieren, bewusst zu machen, wie sie sich anfühlen und wie man konstruktiv mit ihnen umgehen kann.

Im Klassenrat lernen die Schüler auch, ihre Konzentrationsfähigkeit zu verbessern. Die klare Struktur der Abläufe im Klassenrat und die besondere innere Beteiligung an den zu besprechenden Anliegen sorgen in der Regel für eine erhöhte Motivation und steigern damit auch die Konzentration auf die Arbeit.
Der Schüler erfährt, dass durch seine Beteiligung am Klassenrat seine Eigenverantwortung besonders gefordert wird. Jeder Einzelne muss die Verantwortung für sein Tun und Lassen selbst übernehmen und dafür geradestehen. Zusätzlich muss er aber auch im Sinne der Gemeinschaft helfen, Probleme und Konflikte verantwortungsvoll als Gruppenmitglied zu lösen. Diese Beteiligung an den Entscheidungsprozessen zeigt, wie wichtig jeder Einzelne für die Gemeinschaft ist. Dies schafft wiederum Selbstvertrauen und damit eine wichtige Basis für ein erfolgreiches Schulleben.

Die Aufgabenstruktur des Klassenrates ermöglicht den Schülern, auch im methodischen Bereich Kompetenzen zu erwerben, diese ständig anzuwenden und zu vertiefen. Gelingt es den Schülern, solche methodischen Kompetenzen zu verinnerlichen, erhalten sie Rüstzeug für ihr gesamtes Leben.
Zu jeder Klassenratssitzung gehört ein Protokoll. Die Schüler erfahren, welchen formalen Aufbau ein Protokoll haben soll und wie dieser inhaltlich zu füllen ist. Das Protokollieren wird so zu einer sich ständig wiederholenden Aufgabe.
Bei vielen Klassenratssitzungen werden Konflikte analysiert, aufbereitet und passende Lösungen gefunden. Die Schüler erhalten so ein Raster von Konfliktlösungsstrategien, die sie immer wieder am konkreten Fall überprüfen und anwenden können. Solche Strategien sind keinesfalls nur auf den schulischen Bereich abgestimmt, sondern können bei jeder Art von Konflikten zur Anwendung kommen.
Thema des Klassenrates ist auch die Planung von bestimmten Aktivitäten wie Klassenfahrten, Klassenfeiern oder Wandertage. Dabei erfahren die Schüler, wie man an Planungen herangeht und wie diese gemeinsam ein positives Miteinander gewährleisten können, damit das Vorhaben letztlich auch, von der großen Mehrheit getragen, in die Praxis umgesetzt werden kann.

Die Frage der Gesprächsleitung wirkt ebenfalls in den methodischen Kompetenzbereich.
Die Schüler erfahren, was bei einer Gesprächsleitung zu beachten ist und finden hierzu im Klassenrat ein praktisches Übungsfeld, indem sie zunächst beobachtend, dann unter Anleitung und später in eigener Regie die Gesprächsleitung übernehmen.
Bei allen methodischen Kompetenzen sind immer wieder Reflexionsphasen einzuplanen, in denen über Erfolg und Misserfolg bestimmter Methoden und Verhaltensweisen diskutiert und nachgedacht wird. Fragen danach, was gut gelaufen ist, was verbesserungswürdig ist und was in keinem Fall so angesetzt werden kann, führen die Schüler zu einem eigenständigen, bewussten Reflektieren und beschleunigen so die Verinnerlichung ihrer methodischen Fähigkeiten, die nach entsprechender Übung und mehrfacher Wiederholung jederzeit abrufbar werden.

Daraus lassen sich folgende Intentionen und Ziele formulieren:
- Training der Ausdrucksfähigkeit und der Sprachgewandtheit
- erkennen, das auf Prozesse Einfluss genommen werden kann
- Stärkung des Selbstbewusstseins, der Selbstständigkeit und damit der eigenen Persönlichkeit
- verstehen, was Toleranz bedeutet und wie diese hilft, andere Meinungen und Ansichten zu verstehen und zu akzeptieren
- Einsicht, dass Einfühlungsvermögen die Grundlage zum Verständnis des anderen darstellt
- begreifen, dass der Klassenrat ein Forum für die Auseinandersetzung mit aktuellen Problemen darstellt
- lernen, über Methoden und Wege zu reflektieren
- verstehen, dass ein Lern- und Veränderungsprozess nie endet

2.2.3 Demokratie erfahren

Über den Auftrag zur Demokratieerziehung in der Schule wurde im 1. Kapitel ausführlich geschrieben.

Im Klassenrat üben alle Schüler der Klasse in kleinsten Schritten, was demokratisch orientiertes Handeln bedeutet. Sie sprechen und diskutieren in der Gruppe über ihre Anliegen und Probleme, sie lernen Lösungswege kennen, erproben sie und erfahren die Bedeutung von Kompromissen. Sie lernen, Mehrheitsentscheidungen zu akzeptieren und die Beachtung von Minderheiten mit deren entsprechender Argumentation.

Sie erfahren so, wie Diskussion, Meinungsbildung und Entscheidung funktionieren. Sie selbst sind mit dabei, wenn es um die Gestaltung ihrer Lern- und Lebenswelt geht. Dieser Einblick in den demokratischen Prozess kann Grundlage einer Verinnerlichung sein und damit eine Erfahrung, welche die Schüler für ihr gesamtes Leben erwerben.

Daraus lassen sich folgende Intentionen und Ziele formulieren:

- demokratische Strukturen als gewinnbringend und gemeinschaftsfördernd ansehen
- die Vorteile eines demokratisch motivierten Handels am eigenen Beispiel erfahren
- bereit sein, sich für Demokratie und gegen jede Art von Druck, Repression oder kritiklosem Nachahmertum egal von welcher Seite zu entscheiden
- Entlastung des Unterrichts durch weniger Störungen

3 Einzelfragen zum Klassenrat

Nach den grundlegenden theoretischen Erörterungen über die pädagogische Bedeutung des Klassenrates werden im Folgenden Einzelfragen zum Klassenrat thematisiert mit direkter Ausrichtung auf die tägliche Praxis.

3.1 Raum, Sitzordnung, Zeit

Zu den äußeren Rahmenbedingungen des Klassenrates gehören der Raum, die Sitzordnung sowie die Zeit.
Die wenigsten Schulen verfügen über den Luxus besonders hergerichteter Versammlungs- bzw. Gruppenräume. Daher werden die Sitzungen des Klassenrates in der Regel im eigenen Klassenraum durchgeführt. Hier können auch, für jeden Schüler sichtbar, die Ergebnisse der Sitzung durchgängig veröffentlicht und andere Formalien wie Einladungen oder Wünsche an einer Wandtafel zum Aushang kommen.

Für die Sitzungen des Klassenrates sollte eine Sitzordnung gewählt werden, die es den Schülern ermöglicht, als Gemeinschaft zu agieren. Dies bedeutet:

- Alle Schüler haben Blickkontakt untereinander.
- Alle Schüler haben eine gleichwertige Sitzposition.
- Jeder soll jederzeit erreichbar sein.
- Ein Gefühl der Verbundenheit entsteht.

Verdeutlicht man sich die gängigen Sitzordnungen in Schulklassen – Frontalordnung, Hufeisenform, Gruppentische, Sitzhalbkreis, Sitzkreis oder Mischformen –, so kommt in erster Linie der Sitzkreis zum Tragen. Er symbolisiert am besten die Gemeinschaft und Verbundenheit und erleichtert ein konzentriertes Zuhören und Mitmachen. Tische mit Schulutensilien, die zum Spielen einladen und daher ablenken, werden im Klassenraum an den Rand verschoben.

Der Umbau der Klasse zum Sitzkreis muss geübt werden. Jeder Lehrer kennt das Durcheinander, wenn dies zum ersten Mal probiert wird. Da jeder Schüler der Klasse genau wissen muss, wo sein Stuhl letztlich steht, empfiehlt es sich, den Umbau strukturiert einzuüben. Je nach Alter der Schüler kann das Umstellen in den Sitzkreis auch in Form eines Wettbewerbs, z. B. mit Stoppuhr geübt werden. Wichtig ist hierbei aber, dass der Umbau trotzdem in Ruhe, also ohne Hektik, Lärm oder polternde Stühle durchgeführt wird.

Für die Schüler, die ein Anliegen oder Problem haben, bedeutet der Klassenrat, dass dieses nicht sofort, sondern zu einem festgesetzten Zeitpunkt angegangen wird. Diese Verlässlichkeit sollte die zeitliche Verzögerung und den etwaigen Drang nach Lösung ausgleichen.
Der Klassenrat sollte, zumindest in den unteren Klassen (5–8) regelmäßig einmal pro Woche durchgeführt werden. Nur so kann ein aktuelles Problem oder eine Fragestellung zeitnah behandelt und damit auch kleinere Unzulänglichkeiten geklärt werden, ohne dass sich diese zu einem größeren Problem ausweiten. Außerdem ist für die Verinnerlichung des Ablaufes eine regelmäßige Übung unumgänglich.

Als feste Unterrichtsstunde eingeplant, hat sich für den Klassenrat die letzte Unterrichtsstunde am Freitag als vorteilhaft herausgestellt. Folgende Gründe lassen sich dafür anführen:

- Die Schüler können so die Woche Revue passieren lassen.
- Die Schüler besprechen die in der Woche angestauten Probleme und können so relativ entspannt ins Wochenende gehen.
- Die Schüler besinnen sich und spüren in besonderer Form nochmals die Gemeinschaft, bevor sie das Wochenende beginnen.

Wenn es organisatorisch machbar ist, ist es günstig die Klassenratsstunden zumindest innerhalb einer Stufe, besser noch für die gesamte Schule, parallel zu legen. So könnten z. B. ohne Probleme Schüler anderer Klassen bei klassenübergreifenden Konflikten oder Vorhaben besucht oder eingeladen werden. Wenn der Klassenrat bei der Stundenplangestaltung zu Beginn des Schuljahres als feste Größe gebucht wird, stellt dies keine unlösbare Herausforderung für den Stundenplanmacher dar. Dies gilt besonders für die Orientierungsstufe, in der die Schüler in der Regel in ihrer Klasse und nicht nach Leistungsgruppen differenziert unterrichtet werden.
Außerdem könnten bei parallel stattfindenden Klassenratsstunden ohne großen organisatorischen Aufwand Vorhaben oder Vorkommnisse, die mehrere Klassen oder die gesamte Schule betreffen, in Form von Versammlungen der Stufe oder aller Schüler besprochen werden. Trotzdem sollte realistischerweise bemerkt werden, dass es aufgrund des Stundenplans, der räumlichen Gegebenheiten oder durch die Aufteilung in unterschiedliche Leistungsgruppen schwierig sein kann, Klassenratsstunden fest zu blockieren. Meist wird es in die Verantwortung des Klassenlehrers gelegt, der die Stunde aus seinem Kontingent einsetzt.

3.2 Die Themen im Klassenrat

Der Klassenrat ist das Forum für die Anliegen der Schüler einer Klasse. Dies bedeutet, dass die Klasse selbst bei banal klingenden Fragen entscheidet, ob diese für sie wichtig sind. Jedes Anliegen der Klasse sollte daher im Klassenrat einen Gesprächsanlass bieten, selbst dann, wenn abzusehen ist, dass es außerhalb der Machbarkeit des Klassenrates liegt, z. B. bei einer Straftat wie Körperverletzung, schwerer Sachbeschädigung oder Mobbing.

Bei Straftaten, zu denen auch Diebstahl oder Erpressung gehören, muss ein überführter Täter mit strafrechtlichen wie disziplinarischen Maßnahmen der Schule rechnen. Ein weiteres Thema ist der Schutz des Opfers oder auch Fragen der Wiedergutmachung. Solche Positionen können im Klassenrat unter Namensnennung der Betroffenen nicht verhandelt werden. Allerdings ist es möglich, allgemeine Verhaltensweisen zu thematisieren, z. B. Verantwortung für das eigene Handeln zu übernehmen. Auch bei Mobbing kann eine konkrete Aussprache eher kontraproduktiv wirken und sollte zugunsten des Opferschutzes vermieden werden. Allerdings können sich durch Fragen oder eingebrachte Themen Hinweise auf Mobbing verdichten, die durch den Lehrer dann außerhalb des Klassenrates angegangen werden müssen. Oft schafft allerdings der Klassenrat ein Klima, in dem sich Betroffene oder Beobachtende einer Lehrkraft anvertrauen.

Die Themen für den Klassenrat werden in der Regel von den Schülern selbst eingebracht. Es ist aber auch möglich, dass der Lehrer Themenvorschläge unterbreitet und die Schüler über deren Wichtigkeit entscheiden. Grundsätzlich gilt, dass Zweierkonflikte eher eine untergeordnete Rolle spielen sollten, da sonst die Gefahr besteht, dass der Klassenrat sich nur noch mit dieser Problematik auseinandersetzt. Besser sind Themen die mindestens drei Schüler oder eine Kleingruppe betreffen.
Bei jeder Eingabe für den Klassenrat sind das Datum der Eingabe sowie der Name eine Grundvoraussetzung für die anschließende Behandlung. Anonyme Anliegen sollten in der Regel nicht besprochen werden, da Lösungen nur gesucht werden können, wenn alle Beteiligten bekannt sind. Trotzdem können anonyme Eingaben für den Lehrer einen Hinweis darstellen, dass es Probleme gibt. Hier ist es sinnvoll, eine Gesprächsmöglichkeit außerhalb des Klassenrates anzubieten.

3.2.1 Themengewinnung

Die Anliegen der Schüler, die diese im Klassenrat besprechen möchten, müssen auf irgendeine Weise zusammengetragen werden. Es hat sich als vorteilhaft gezeigt, dass dabei drei unterschiedliche thematische Bereiche angesprochen werden können.

loben befürworten bejahen	tadeln diskutieren ablehnen	wünschen planen vorhaben

Egal, für welchen der Bereiche sich ein Schüler entscheidet, er hält dies (am besten mittels Vordruck oder genauer Anweisung) schriftlich fest. Dann nutzt er zur Eingabe seines Anliegens das mit der Klasse abgesprochene Hilfsmittel. Um die schriftliche Form zu erleichtern, sollten auf den gewählten Möglichkeiten die Bereiche bereits als Rubrik ausgewiesen sein. Die folgenden Beispiele zeigen Hilfen, die zur Themengewinnung eigesetzt werden können:

Briefkasten oder Sammelbox
Die Anliegen der Schüler werden entweder formlos oder besser mithilfe eines Formvordruckes, der in der Klasse immer ausliegt, notiert und in den Kasten oder die Box geworfen. Die Schüler haben so die Chance, dies unauffällig zu tun, ohne dass die Klasse davon Kenntnis erhält. Vor der Sitzung wird dann der Kasten durch den Lehrer oder den Sitzungsleiter geleert.

Für die nächste Klassenratssitzung habe ich folgendes Anliegen:

Ich befürworte

____

____

Ich lehne ab

____

____

Ich wünsche

____

____

Datum: ____________________ Name: ____________________

Klassenratsbuch

Die Schüler tragen ihre Anliegen in ein festes Buch und versehen ihren Eintrag mit Name und Datum. Damit nichts verschwindet oder ein Blatt unbemerkt herausgerissen wird, sind die Seiten sicherheitshalber zu nummerieren. Mit dem Eintrag in das Buch sind die Anliegen für jeden Schüler jederzeit nachlesbar, da das Buch offen an einem festen Platz in der Klasse liegen sollte. Bei Interesse können sich Schüler auf die Behandlung des Anliegens einstellen, allerdings besteht die Gefahr, dass der Eintragende von seinen Mitschülern unter Druck gesetzt wird.

Datum: ____________________ Name: ____________________ Seite 12

☐ Ich befürworte

☐ Ich lehne ab

☐ Ich wünsche

Wandtafel oder Pinnwand

Die Anliegen können offen an eine Pinnwand oder Wandtafel (am besten mittels Vordruck) angeheftet werden. Die Anliegen sind so sofort nach dem Anheften jederzeit bis zur Sitzung sichtbar. Die Gefahr, dass Blätter „verschwinden“, ist durchaus realistisch, ebenso, dass Druck ausgeübt wird. Positiv zu bewerten ist die Möglichkeit, sich mit der Thematik auseinanderzusetzen. Auch wird eine strukturierende Verteilung der Bereiche bereits vor der Sitzung sichtbar.

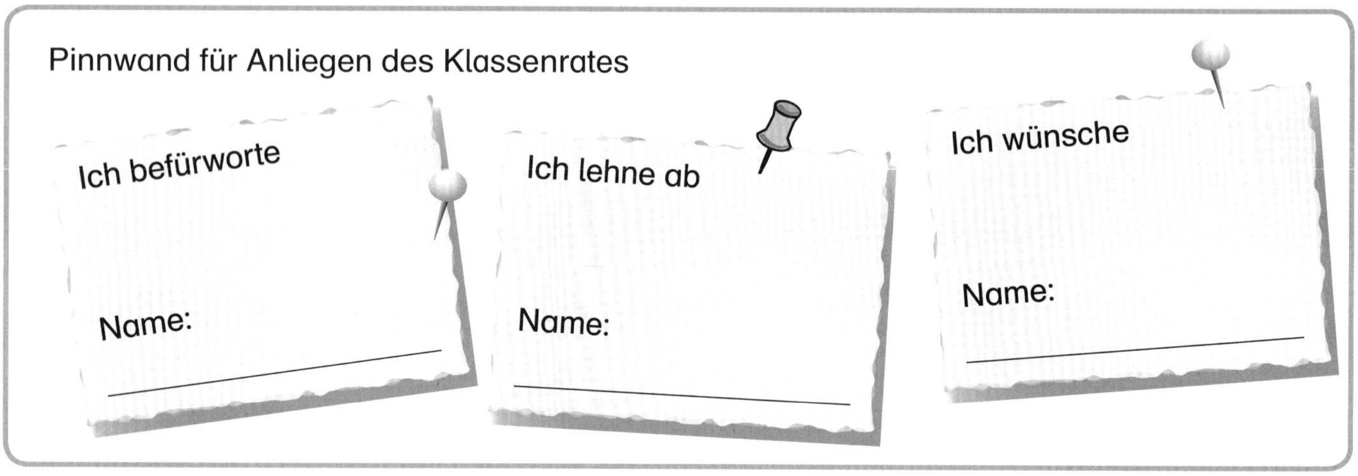

Brainstorming

Zu Beginn der Klassenratssitzung werden die Schüler nach ihren aktuellen Anliegen gefragt. Diese können dann nacheinander in Form eines Brainstormings vorgetragen werden. Ein Protokollant notiert die Anliegen, die anschließend zur Abstimmung kommen. So wird dann eine Tagesordnung für die Sitzung erstellt. Neben dem dadurch entstehenden Zeitverlust sind weitere Nachteile, dass Schüler ihre Anliegen nicht vortragen, weil ihnen diese entfallen sind oder ihnen das freie Formulieren schwerfällt.

3.2.2 Themenbeispiele

Die folgenden Beispiele zeigen die Breite möglicher Anliegen für den Klassenrat, aufgeteilt nach den thematischen Bereichen. Anliegen, die problematisch sein können, sind kursiv gedruckt.

loben, befürworten, bejahen

- Die neue Sitzordnung in der Klasse hat sich bewährt.
- Timo und Nico haben sich an die Abmachung, in der Fünf-Minuten-Pause nicht umherzulaufen, gehalten.
- Das letzte Protokoll war wirklich gut geschrieben.
- Svenja hat mich verteidigt, als ich ohne Grund von einigen Mädchen angegriffen wurde.
- Ich bejahe den Wunsch, die Klassendienste jeden Monat zu wechseln.
- *Ich freue mich, dass unser Klassenclown Denis sein vorlautes Mundwerk gestopft bekommen hat.*

tadeln, diskutieren, ablehnen

- Da wir den Ordnungsdienst der Klasse übernommen haben, haben wir keine Chance, Spielgeräte für die Pause auszuleihen.
- Herr Klein, unser Werklehrer, fordert uns immer sehr früh auf, den Werkraum aufzuräumen. Meistens sitzen wir dann noch einige Zeit „dumm" herum.
- Nach dem Klassenfest haben sich die meisten Jungen verdrückt und nicht geholfen aufzuräumen.
- Die Sitzgruppe mit Jens, Torsten und Daniel stört mich so sehr, dass ich nicht mehr aufpassen kann.
- Mein Mäppchen wurde gestohlen und keiner sagt etwas, obwohl es Mitschüler beobachtet haben müssen.
- In fast jeder Pause stören uns Luca und Sven beim Seilspringen. Sie laufen immer über das Seil.
- *Florian hat mir in dieser Woche schon zweimal eine Kopfnuss verpasst. Er muss dafür bestraft werden.*
- *Finn und ich sind der Meinung, dass wir über weniger Klassenarbeiten diskutieren sollten.*
- *Max ist ständig hinter mir her und mobbt mich, wo er nur kann, meistens am Nachmittag über das Smartphone.*

wünschen, planen, vorhaben

- Wir wünschen eine Weihnachtsfeier in der Klasse.
- Wenn es draußen heiß ist, könnten wir auch statt Hallensport in das neben der Schule liegende Schwimmbad gehen.
- Immer sitze ich ganz hinten. Ich wünsche mir ein rotierendes System.
- Wir sollten mit der Planung für den Wandertag beginnen, der in zwei Wochen stattfinden wird.
- Die letzte Projektwoche war vor zwei Jahren. Unsere Klasse sollte sich für eine Projektwoche gegen Ende des Schuljahres einsetzen.
- *Ich wünsche, dass Erik unsere Klasse verlässt.*
- *Wir haben vor, unseren Mathelehrer, der nichts erklären kann, so zu provozieren, dass er ausrastet.*

3.3 Die Rolle des Lehrers im Klassenrat

Im Klassenrat erhält der Lehrer eine veränderte Rolle. Er ist nicht mehr der Organisator von Unterrichtsstunden und Lehrstoffvermittler, auf den sich die Schüler zu konzentrieren haben, sondern Anleitender, Unterstützer, Schützer bis hin zum gleichberechtigten Mitglied des Klassenrates. Dies wird auch durch die Sitzordnung (Stuhlkreis) deutlich, bei der Lehrer und Schüler auf Augenhöhe miteinander umgehen. Der Lehrer gibt die Verantwortung schrittweise und so rasch wie möglich an die Schüler ab und lässt diese eigene Erfahrungen sammeln. Für Lehrer, die nach Methoden wie Stationenlernen, Lernspiralen oder Gruppenarbeit unterrichten, ist das Hineinversetzen bzw. Lernen der neuen Rolle leichter zu bewerkstelligen.

3 Einzelfragen zum Klassenrat

In der Startphase des Klassenrates agiert der Lehrer zunächst als Anleitender, der den Schülern praktisch zeigt, wie im Klassenrat gearbeitet wird, wie bestimmte Ämter ausgeführt werden und welche Formalien zu beachten sind. Nach dieser Phase handelt der Lehrer als Unterstützer, der den Amtsträgern in den ersten Sitzungen beisteht, der aber nur eingreifen sollte, wenn den Schülern schwerwiegende Fehler unterlaufen oder sie nicht weiterwissen. Auf geringfügige Probleme oder kleine Fehler sollte der Lehrer gelassen reagieren, denn die Schüler lernen schneller und intensiver, wenn sie eigene Fehler bemerken bzw. sie aus ihren Fehlern lernen können.

Als gleichberechtigtes Mitglied des Klassenrates muss sich der Lehrer an die gebotenen Formalien halten. Auch er bringt seine Anliegen wie jeder andere Schüler ein, er meldet sich, wenn er reden möchte, verhält sich neutral und lässt sich nicht sofort auf eine Seite ziehen. Wichtig ist der Hinweis, dass ein sich meldender Lehrer in der Warteschleife ausharren muss, dass er keine Anliegen jenseits der Tagesordnung einbringen kann und er mit eventuellen Lösungsideen zurückhaltend sein soll, denn Schüler finden oft selbst gute pragmatische Lösungen, auf die der Lehrer nie gekommen wäre.

Trotz der allgemeinen Gleichheit von Lehrer und Schülern im Klassenrat erfüllt der Lehrer einen besonderen Schutzauftrag. Läuft beispielsweise eine Diskussion im Kreise oder aus dem Ruder, muss er sich einschalten, ebenso wenn es um rechtliche Fragen, Persönlichkeitsrechte oder Mobbing geht. Für diese Fälle ist es sinnvoll, ein Signal zu vereinbaren, damit der Eingriff angekündigt erfolgen kann, z. B. durch ein besonderes Handzeichen (beide Hände nach oben halten) oder ein Schild (Stopp).

Beispiele aus der Praxis:

Der Lehrer meldet sich als vierter Redner zu einem Schülervorschlag. Der Vorsitzende ruft ihn als Ersten auf. Der Lehrer teilt der Leitung mit, dass sich vor ihm noch drei Redner gemeldet haben, und wartet ab, bis er an der Reihe ist. (korrektes Verhalten)

Eine Diskussion droht sich durch immer neue Einwände unendlich auszudehnen. Der Lehrer verweist auf die Zeit und die noch zu bewältigende Tagesordnung. (korrektes Verhalten)

Das eingebrachte Anliegen des Lehrers kann aus Zeitgründen nicht mehr behandelt werden. Es soll auf die nächste Sitzung verschoben werden. Der Lehrer erhebt Einspruch und erklärt sein Anliegen als besonders wichtig. (fragwürdiges Verhalten)

Der Vorsitzende fragt den Lehrer direkt zu einem Anliegen. Der Lehrer freut sich über die Chance und spricht zu den Schülern. (fragwürdiges Verhalten)

Bei der Diskussion über unbeaufsichtigtes Bewegen der Schüler anlässlich eines Ausfluges greift der Lehrer ein und erklärt kurz die Rechtslage. (korrektes Verhalten)

3.4 Die Ämter im Klassenrat

Im Klassenrat werden alle wesentlichen Aufgaben und Ämter nach einer Einführungsphase von den Schülern selbst übernommen: die Klassenratsleitung, die Protokollierung sowie die Zeit- und Regelkontrolle. Es empfiehlt sich, für die Anfangsphase Symbolkarten zu benutzen, auf denen der Name des Amtes und die wichtigsten Aufgaben stehen. Zusätzlich sollte das Symbol so angebracht sein, dass jeder Schüler genau weiß, wer welches Amt ausübt, z. B. vor dem Stuhl platziert oder ein an einer Stange befestigtes Hinweisschild hinter dem Stuhl.

Klassenratsvorsitzender

Zeitwächter

Protokollführer

Regelwächter

Ab der 7. Klasse kann anstelle des Personenbildes ein abstrakteres Symbol gewählt oder nur der Ämtername angegeben werden.

Zeitwächter

Vorsitzender

Protokollant

Regelwächter

Es ist auch denkbar, dass Ämter wie Zeit- und Regelwächter zusammengefasst werden, beispielsweise zum Amt des Regularienwächters. Ebenso können weitere Ämter hinzugefügt werden, wie z. B. Buch- bzw. Briefkastenverwalter, Rednerlistenführer oder Beschlüssevorleser.

Ämter sollten nach dem Rotationsprinzip, z. B. Wechsel nach vier Wochen, und möglichst auf freiwilliger Basis vergeben werden. Andere Möglichkeiten sind die Vergabe nach dem Alphabet oder der Sitzordnung in der Klasse. Sind bei freiwilliger Anzeige mehr Meldungen als Ämter vorhanden, ist das Auslosen ein gangbarer Weg, ohne dass der Einzelne das Gefühl von Übervorteilung hat. Jeder Schüler, der sich meldet, hat somit die Chance, sich in eine Aufgabe hineinzuarbeiten, diese für eine Zeit auszuführen und entsprechende Kompetenzen zu erwerben. Allerdings sollte bei der Zusammensetzung des Leitungsteams darauf geachtet werden, dass dieses harmonisch zusammenarbeiten kann.

Symbolkarten mit Namen des Amtes und Aufgaben

Klassenratsvorsitzender

Du leitest die Sitzung, du eröffnest und du beendest sie.
Du rufst die Themen auf, die besprochen werden.
Du lässt Zeit für ausreichende Klärung.
Du sorgst für die Verabredung einer Lösung.
Du lässt bei Vorhaben abstimmen.

Denke daran:

- Wer leitet, diskutiert nicht mit.
- Du gibst keine Kommentare oder Wertungen ab.
- Bleibe immer unparteiisch.

Du benötigst: Themenliste, Schmierzettel, Stift.

Protokollführer

Du fertigst ein Ergebnisprotokoll an.

Du schreibst das Abstimmungsergebnis auf.

Du notierst, welcher Lösungsvorschlag angenommen und was verabredet wird.

Denke daran:

– Das Protokoll muss genau sein.

– Frage nach, wenn du etwas nicht verstanden hast.

Du benötigst: Schreibmaterial, Klemmbrett, Protokollvordruck.

Zeitwächter

Du notierst, wie lange jeder TOP dauern darf.

Du achtest darauf, dass die Zeit eingehalten wird.

Du weist auf das Ende der Sitzung hin.

Denke daran:

– Zwei Minuten vor dem Ende eines TOPs sagst du:
„Wir haben noch 2 Minuten Zeit.“

Du benötigst: eine Uhr, die TOPs mit Zeitangaben.

Regelwächter

Du achtest darauf, dass sich jeder an die Regeln hält.

Wenn jemand dazwischenruft oder stört, ermahnst du ihn und schreibst seinen Namen auf.

Denke daran:

Stört jemand mehrfach, darfst du ihn fünf Minuten aus dem Kreis schicken. Er darf in dieser Zeit weder mitreden noch abstimmen.

Du benötigst: einen Stichwortzettel, Stift.

Zusätzliches Amt

___

___

___

___

___

___

___

___

___

___

3.5 Die Leitung des Klassenrates

Wie bereits erwähnt, soll nach einer Eingewöhnungszeit die Leitung des Klassenrates in der Hand von geeigneten Schülern liegen. Dabei kann die Leitung grundsätzlich durch einen Einzelschüler oder ein Gremium bewerkstelligt werden. Zu den wesentlichen Leitungsaufgaben gehören:

- Zusammenstellung der Tagesordnungspunkte (TOPs)
- TOPs aufrufen
- Zeitfaktor für jeden TOP beachten
- auf Gesprächsregeln und Formalien achten
- ausreichend Zeit für Diskussionen lassen
- die Qualität der Gespräche beobachten
- Ergebnisse zusammenfassen
- Lösungen absprechen und bestätigen lassen
- TOPs, Ergebnisse und Lösungen notieren
- sich stets unparteiisch verhalten
- wertfrei und unkommentiert agieren

Bedingt durch die als sehr weitreichend und anspruchsvoll anzusehenden Aufgaben ist es sinnvoll, die Leitungsarbeit auf mehrere Köpfe zu verteilen (siehe Kap. 3.4). Damit ist nicht nur der Vorsitzende entlastet und kann sich ganz auf seine Leitungsaufgabe konzentrieren, sondern mehrere Schüler haben gleichzeitig die Chance, beim aktiven Leiten mitzuarbeiten, um so Kompetenzen praktisch umzusetzen.

Der wichtigste Posten des Leitungsteams, der Vorsitzende des Klassenrates, muss darüber hinaus über besondere soziale und methodische Kompetenzen verfügen. Er sollte:

- in der Klasse akzeptiert sein
- neutral und unparteiisch agieren
- gut zuhören können
- sich in andere hineinversetzen können
- andere verstehen können
- sicher formulieren können
- über Problembewusstsein verfügen
- Durchsetzungskraft besitzen
- flexibel reagieren können

Mithilfe des Lehrers, durch wiederholende Übung und dem Lernen aus eigenen Fehlern sowie den erzielten Erfolgen sind letztlich zwar nicht alle, aber trotzdem viele Schüler einer Klasse für die anspruchsvolle Aufgabe der Leitung einzusetzen.
Je nachdem, wie die Ämter vergeben werden, sollte jeder Schüler einer Klasse irgendwann in dem Leitungsteam mitarbeiten dürfen.

3.6 Das Ergebnisprotokoll

Von jeder Klassenratssitzung ist ein Protokoll anzufertigen und abzuheften, damit es jederzeit nachgelesen werden kann. Hierzu lassen sich folgende Begründungen aufführen:

- Zu Beginn jeder Klassenratssitzung wird das vorausgegangene Protokoll verlesen und genehmigt. Es werden so die Beschlüsse nochmals in Gedächtnis gerufen. Ungenauigkeiten können, auch wegen der zeitlichen Nähe zur vorausgegangenen Sitzung, entdeckt und verbessert werden.
- Mithilfe des Protokolls kann überprüft werden, ob die letzten Verabredungen oder Beschlüsse eingehalten wurden, ob sich Absprachen bewährt oder als ungünstig herausgestellt haben.
- Als Gedächtnisstütze kann das Protokoll jederzeit wieder aufgerufen werden, um so auch länger zurückliegende Beschlüsse aktenkundig nachzuvollziehen.
- Mithilfe der Protokolle lässt sich die Klassenentwicklung über mehrere Jahre zurückverfolgen.
- Protokollieren ist eine wichtige methodische Kompetenz, die fächerübergreifend und damit über die Schule hinaus nutzbar ist. Die Bedeutung des Protokolls für das tägliche Leben wird am konkreten Sachverhalt deutlich.

Während der Einführungsphase zum Klassenrat können Klassen- und Deutschlehrer, sofern sie nicht dieselbe Person sind, sinnvoll miteinander kooperieren, da das Protokollschreiben zu den Kernthemen des Deutschunterrichts gehört. Formale Grundlagen, Formulierungswege und die Fähigkeit, anhand von mitgeschriebenen Stichworten das Protokoll zu erstellen, sind Grundfertigkeiten für Schule, Unterricht und das spätere Leben.
Das Protokoll der Klassenratsversammlung sollte ein Ergebnisprotokoll sein, welches ausschließlich über die Ergebnisse, Beschlüsse oder Absprachen informiert und diese fixiert.

Da es sich bei einem Protokoll um einen Verwaltungsakt handelt, sind bestimmte Kriterien zu erfüllen. Bezogen auf das Protokoll einer Klassenratssitzung heißt dies:

Die äußere Form des Protokolls:
- der Protokollkopf (Datum, Leitung, Protokollführer, Helfer wie Zeit- oder Regelwächter, abwesende Schüler),
- die Aufzählung der Tagesordnungspunkte (TOPs),
- der Ablauf der Sitzung anhand der TOPs,
- Datum und Unterschrift des Protokollschreibers

Die sprachliche Gestaltung:
- sachlich, knapp und präzise, nur die Ergebnisse
- keine Kommentare oder Abschweifungen
- Zeit des Protokolls: Gegenwart

Das Protokoll wird in der Regel nicht während der Sitzung, sondern im Nachhinein erstellt. Daher sollten Vordrucke für die Protokollierung während der Sitzung als Arbeitshilfen (mit Stichworten, durchstreichen, drüberschreiben ...) genutzt werden. Es erleichtert die Aufgabe, wenn für das erstellte Protokoll dann der gleiche Vordruck erneut ausgefüllt wird. Auch ist es sinnvoll, dem Protokollanten die Tagesordnung an die Hand zu geben. Dann braucht er diese nicht einzutragen und kann sich ganz auf den Verlauf der Besprechung des jeweiligen Anliegens konzentrieren.

Die folgenden beiden Alternativen stellen mögliche Vordrucke für die Protokollführung vor, die für die individuellen Belange bzw. Absprachen der jeweiligen Klasse entsprechend angepasst werden können.

Protokoll der Klassenratssitzung vom ____________________

Leitung: ____________________ Protokollführer: ____________________

Zeitwächter: ____________________ Regelwächter: ____________________

Fehlende Schüler/-innen:

____

____

TOP 1: Verlesen des Protokolls der letzten Sitzung

Alle Beschlüsse sind richtig aufgeschrieben: ja ☐ nein ☐

Folgende Beschlüsse werden berichtigt:

____

____

TOP 2: Überprüfung der Ergebnisse der letzten Sitzung

Die Ergebnisse wurden eingehalten: ja ☐ nein ☐

Folgendes hat nicht geklappt:

____

____

Wir versuchen es nochmals mit:

____

____

TOP 3: Welche Themen und Anliegen werden heute besprochen?

a) ____

b) ____

c) ____

d) ____

e) ____

TOP 4: Besprechung der Anliegen

Anliegen a) ______________________________________

Beschluss:

____

____

____

Was ist zu erledigen?	Von wem?	Bis wann?
______	______	______
______	______	______

____

Anliegen b) ____________________

Beschluss:

____

____

____

Was ist zu erledigen? | Von wem? | Bis wann?

Anliegen c) ____________________

Beschluss:

____

____

____

Was ist zu erledigen? | Von wem? | Bis wann?

Anliegen d) ____________________

Beschluss:

____

____

____

Was ist zu erledigen? | Von wem? | Bis wann?

Anliegen e) ____________________

Beschluss:

____

____

____

Was ist zu erledigen? | Von wem? | Bis wann?

Datum: ____________ **Unterschrift Protokollant:** ____________

Protokoll der Sitzung des Klassenrates vom ____________________

Die Sitzung leitet: ____________________

Das Protokoll schreibt: ____________________

Als Zeitwächter hilft: ____________________

Regelwächter ist heute: ____________________

Folgende Schüler fehlen: ____________________

____

____

Das Protokoll der letzten Sitzung wurde vorgelesen und überprüft:

- Es ist alles in Ordnung. ☐
- Das muss verbessert werden: ____________________

____

____

TOP 1: Loben und befürworten

Folgende Personen oder Tatsachen sind zu loben und zu befürworten:

____

____

____

TOP 2: Tadeln und kritisieren

Folgende Personen oder Tatsachen sind zu tadeln und zu kritisieren:

a) ____________________

____

____

Wir versuchen, das Problem so zu lösen, und beschließen:

____

____

____

b) ____________________

____

____

Wir versuchen, das Problem so zu lösen, und beschließen:

___

___

___

c) ___

___

___

Wir versuchen, das Problem so zu lösen, und beschließen:

___

___

___

TOP 3: Wünsche und Vorhaben

Folgende Wünsche oder Vorhaben werden vorgetragen:

a) ___

___

___

Dazu beschließen wir:

___

___

___

Wir stimmen darüber ab: ja ___ nein ___ Enthaltung ___

b) ___

___

___

Dazu beschließen wir:

___

___

___

Wir stimmen darüber ab: ja ___ nein ___ Enthaltung ___

Datum: ___ **Unterschrift Protokollant:** ___

___

3.7 Der Ablauf der Klassenratssitzung

Die Sitzungen des Klassenrates laufen nach einem festen und rhythmisierten Verfahren ab. Der Wochentag und die Unterrichtsstunde sind den Schülern der Klasse bekannt, damit sie sich schon vorher auf die kommende Sitzung ihres Gremiums einstellen können.

Die Schüler richten selbstständig die Klasse her, z. B. Stuhlkreis aufbauen, Schilder aufstellen usw.

Die Schüler nehmen auf ihren Stühlen Platz.

Der Vorsitzende begrüßt die Klasse und eröffnet die Sitzung.

Das Protokoll der letzten Sitzung wird vorgelesen und genehmigt oder berichtigt.

Es wird nach der Umsetzung der Beschlüsse gefragt.

Die Tagesordnung wird mit den voraussichtlichen Zeiten festgelegt.

Die Anliegen oder Konflikte werden gemäß ihrer Reihenfolge wie folgt besprochen:

- Bei einem Anliegen oder Wunsch wird dieser durch den Verfasser erläutert.
- Die Klasse spricht über das Anliegen.
- Es werden Lösungswege aufgezeigt oder Beschlüsse formuliert.
- Die Klasse stimmt über die Vorschläge ab.
- Der Klasse berät, wie der genehmigte Vorschlag umzusetzen ist.
- Vorschlag und Umsetzung wird ins Protokoll aufgenommen.

- Der Zeitwächter achtet auf die vorgesehene Zeit.
- Der Regelwächter achtet auf die Einhaltung der Regeln.

- Bei einem Konflikt wird dieser durch den Betroffenen vorgetragen.
- Die Gegenpartei schildert ihre Sicht der Dinge.
- Die Klasse sammelt Vorschläge zur Entschärfung des Konfliktes.
- Die Klasse entscheidet sich für einen Lösungsvorschlag.
- Die Konfliktträger müssen den Vorschlag akzeptieren.
- Der Lösungsvorschlag wird im Protokoll festgehalten.

Alle Beschlüsse werden zusammen gegen Ende der Sitzung vorgelesen.

Der Vorsitzende beendet die Zusammenkunft.

Die Schüler bringen die Klasse wieder in ihren Ursprungszustand.

4 Praktischer Leitfaden zur Einführung des Klassenrates

Die Einführung des Klassenrates ist eine gut zu überlegende Entscheidung, da mit einer Zustimmung zum Klassenrat die Weichen für das Miteinander in der Klasse auf eine besondere Bahn gelenkt werden. Es reicht nicht, wenn der Lehrer beabsichtigt, einen Klassenrat einzurichten, sondern er muss die Schüler seiner Klasse von Beginn an mit in die Entscheidung einbeziehen.
Gleich zu Beginn ist die Information wichtig, dass der Klassenrat kein Instrument des Lehrers ist, um dessen Ideen besser durchzusetzen oder die Klasse zu disziplinieren, sondern ausschließlich ein Gremium, dessen Ziel es ist, dass sich Lehrer und Schüler in der Schule wohlfühlen und daher wichtige Prozesse gemeinsam und gleichberechtigt besprechen.
Erst wenn die Schüler über die Intention des Klassenrates, seinen Ablauf und seine Regeln ausreichend informiert sind, können diese ihre Bereitschaft zum Mitmachen oder zunächst einmal zum Ausprobieren erklären. Ohne die innere Zustimmung und aktive Mitarbeit der Schüler wird jeder Klassenrat erfolglos agieren.

4.1 Start in das neue Projekt

Folgende Vorüberlegungen bzw. Entscheidungen sollte jeder Lehrer, der den Klassenrat einführen möchte, für sich getroffen haben:

- In welcher Stunde wird der Klassenrat angeboten?
- Welche Ämter soll es geben?
- Wie sollte der Raum hergerichtet sein?

Im Folgenden wird eine solche Einführungsphase mit praktischer Ausrichtung skizziert:

Der Klassenlehrer einer 7. Klasse möchte den Klassenrat einführen.
Er hat sich für die 6. Stunde am Freitag entschieden, da er dann in der Klasse nach dem Stundenplan unterrichtet.
Er möchte den Klassenrat gern mit folgenden Ämtern starten:
Vorsitzender, Protokollführer, Regelwächter, Zeitwächter und Rednerlistenführer.
Für den nächsten Freitag hat er als Sitzordnung gemeinsam mit den Schülern einen Stuhlkreis stellen lassen und einige Utensilien vorbereitet.

Die Schüler nehmen Platz, auch der Lehrer sitzt mit einem Schülerstuhl im Kreis. Kommentarlos legt er zwei gleiche Plakate in die Mitte des Raumes, sodass jeder Schüler die Inhalte gut lesen kann.

Herzlich willkommen zum Klassenrat!

ja		nein
	Ist die Schule ein Ort zum Wohlfühlen?	
X	**Ist die Schule ein Ort des Miteinanders?**	**X**
	Ist die Schule ein Ort für Mitsprache?	

Die Schüler sollen sich auf diesen Impuls hin spontan äußern. Wer etwas sagen will, meldet sich und erhält einen Sprechball o. Ä., wenn er an der Reihe ist.
Nach dieser Aussprache überdeckt der Lehrer die beiden Plakate mit einem weiteren Plakat:

Ziele des Klassenrates:

mehr Miteinander – mehr Harmonie – mehr Mitsprache

Die nötigen Informationen zum Klassenrat erarbeiten die Schüler in Kleingruppen. Der Lehrer mischt dazu einen Stapel Spielkarten und gibt diesen seinem Nachbarn. Dieser zieht die oberste Karte und reicht den Stapel weiter. Wenn jeder Schüler eine Karte hat, können sie diese umdrehen.
In der nächsten Phase treffen sich alle Schüler mit der gleichen Karte, z. B. Dame. Für jede Gruppe ist ein Tisch vorbereitet, auf dem Informationen und Unterlagen liegen. Jede Gruppe erarbeitet ihren speziellen Informationstisch und notiert die wichtigsten Informationen auf einem Schmierzettel.

Tisch für die Spielkarte Damen **Das Wichtigste über den Klassenrat** • immer freitags die 6. Stunde • Stuhlkreis • für ein besseres Wohlfühlen von Schülern und Lehrern: Daher wird besprochen, was alle angeht. • keine Bestrafung, keine Rechthaberei, kein Petzen – positive Lösungen für Fragen und Probleme • für eine gemeinsame, gute Atmosphäre	Tisch für die Spielkarte Könige **Die Ämter im Klassenrat** • der Vorsitzende • der Protollführer • der Zeitwächter • der Regelwächter • der Rednerlistenführer
Tisch für die Spielkarte Buben **Die Utensilien für den Klassenrat** • der Klassenratsbriefkasten / das Klassenratsbuch • der Vordruck für den Briefkasten • der Protokollordner • der Protokollvordruck • die (Klassenrats-)Seitentafel als Informationsträger	Tisch für die Spielkarten Asse **Die Themen für den Klassenrat** • Dinge besprechen, die alle angehen • möglichst wenig Zweierkonflikte • gut gelaufen – wir loben • schlecht gelaufen – wir kritisieren • Konflikte innerhalb der Klasse • Konflikte der Klasse mit Lehrern • Planung von Vorhaben • Wünsche der Klasse

Nach ca. zehn Minuten setzen sich alle Schüler wieder in den Stuhlkreis. Die einzelnen Gruppen tragen anhand ihrer Stichworte ihre Informationen zum Klassenrat vor. Die übrigen Schüler sollten die Möglichkeit haben, bei Bedarf Nachfragen zu stellen.
Zum Abschluss klärt der Lehrer noch offene Fragen zum Klassenrat. Die Schüler stimmen im letzten Schritt der Stunde im Sinne eines Mehrheitsentscheids darüber ab, ob sie den Klassenrat ausprobieren oder darauf verzichten möchten.

Bei positiver Abstimmung wird der nächste Termin festgelegt und die Schüler werden aufgefordert, bereits in der Pause die Stühle zu einem Kreis aufzustellen.
Mit Wochenbeginn sollte dann beispielsweise der Klassenratsbriefkasten aufgestellt, die Eintragungsvordrucke bereitgelegt und die Wandtafel mit den wichtigsten Infos bestückt sein.

Alternativer Einstiegsweg

Ein alternativer Weg, in den Klassenrat einzusteigen, baut auf dem Prinzip des Stationenlernens auf. Wegen der Fülle der zu bewältigenden Informationen sind hierfür mehrere Unterrichtsstunden einzuplanen. Die Schüler erhalten so die gleichen Grundinformationen über den Klassenrat, erarbeiten diese in Eigenregie und können sich am Ende des Lernprozesses begründet für oder gegen den Versuch, den Klassenrat auszuprobieren, entscheiden.
Zu insgesamt fünf bis sechs Lernstationen bereitet der Lehrer Infoblätter und Arbeitsblätter vor. Die Schüler können frei entscheiden, in welcher Reihenfolge sie die Stationen erarbeiten möchten. Dazu werden an bestimmten Stellen im Klassenraum Materialien und Arbeitsblätter ausgelegt und die jeweilige Stelle mit einer Stationsnummer versehen. Die Schüler gehen dann zu einer Station, entnehmen die Materialien, gehen zu ihrem Platz und bearbeiten diese, indem sie die Informationen erlesen und die Arbeitsblätter ausfüllen.
Nach Beendigung dieser Phase nehmen sie sich die nächste, frei zu wählende Station zur Bearbeitung vor. Sind alle Stationen bearbeitet, besteht für den Lehrer die Möglichkeit der Kontrolle und Überprüfung. Vielleicht erhält er bei der Durchsicht wertvolle Hinweise für die spätere Durchführung des Klassenrates, z. B. für die erste Ämtervergabe.

Mögliche Stationen:

Station 1 **Was ist der Klassenrat?**

Station 2 **Die Leitung des Klassenrates**

Station 3 **Andere Ämter im Klassenrat**
(die Ämterverteilung mit den Aufgaben siehe Kap. 3.4)

Station 4 **Die Themen für den Klassenrat**
(Hinweise zu Themen siehe Kap. 3.2)

Station 5 **Utensilien für den Klassenrat**

Station 6 **Formalien für den Klassenrat**

Im Folgenden werden vier exemplarische Stationen inklusive Arbeitsblätter vorgestellt.

Materialblatt Station 1 Was ist der Klassenrat?

Der Klassenrat soll das Zusammenleben aller in der Klasse (Schüler und Lehrer) fördern, damit sie sich wohlfühlen und einen größeren Gemeinschaftssinn spüren. Deshalb gilt:

- Der Klassenrat ist eine Versammlung aller Schüler der Klasse.
- Er findet jede Woche in der gleichen Unterrichtsstunde statt.
- Die Themen für die Sitzung werden von den Schülern eingebracht.
- Thema darf alles sein, was die Klasse betrifft, also Konflikte, besondere Anliegen oder Wünsche.
- Die Sitzungen werden von einem Schülerteam geleitet.
- Der Klassenlehrer ist als gleichberechtigtes Mitglied beim Klassenrat dabei.
- Im Klassenrat geht es um Lösungen der eingebrachten Anliegen.
- Es kann über Vorschläge abgestimmt werden.
- Es können Vereinbarungen getroffen werden.
- Es wird ein Protokoll geschrieben.

Station 1 Was ist der Klassenrat? Aufgabenblatt

a) Welches allgemeine Ziel verfolgt der Klassenrat?

____

____

____

b) Welche drei der genannten Punkte sind dir besonders wichtig?

____

____

____

c) Worin besteht der Hauptunterschied zwischen einer Klassenratsstunde und einer normalen Unterrichtsstunde?

____

____

____

Materialblatt Station 2 Die Leitung des Klassenrates

Die Leitung des Klassenrates liegt nicht beim Lehrer, sondern wird in die Hand der Schüler gelegt. Dabei ist der Klassenratsleiter oder -vorsitzende die wichtigste Person. Ergänze eine Aufgabe, die er zu bewältigen hat:

Klassenratsvorsitzender

- leitet die Sitzung, du eröffnest und du beendest sie
- ruft die Themen auf, die besprochen werden
- lässt Zeit für ausreichende Klärung
- sorgt für die Verabredung einer Lösung
- lässt bei Vorhaben abstimmen

- diskutiert nicht mit
- gibt keine Kommentare oder Wertungen ab
- bleibt immer unparteiisch

Station 2 Die Leitung des Klassenrates **Aufgabenblatt**

a) Welches sind die Hauptaufgaben des Klassenratsleiters?

____

____

____

b) Welche Eigenschaften werden vom Klassenratsleiter erwartet?

____

____

____

c) Würdest du dir diese Aufgabe zutrauen?

☐ eher nicht

☐ ja, sofort

☐ nur mit Einschränkungen

Materialblatt Station 5 Utensilien für den Klassenrat

Für den Klassenrat benötigen wir:

- eine **Sitzordnung**, bei der jeder Schüler jeden ansehen kann → den Stuhlkreis
- einen **Briefkasten**, in den Anliegen eingeworfen werden können; alternativ ein Buch zum Eintragen der Anliegen oder eine Wandtafel zum Anheften
- einen entsprechenden **Vordruck**, auf dem die Anliegen notiert werden, wichtig sind in jedem Fall Name und Intention (ich wünsche, ich kritisiere, ich lobe)
- einen **Protokollvordruck** zum Ausfüllen des Protokolls
- einen **Ordner**, in dem die Protokolle gesammelt werden
- eine **Seitentafel** oder ein **Plakat** mit wichtigen Informationen zum Klassenrat
- Utensilien wie Klemmbrett zum Schreiben, Klangschale oder Klangstab, Signalkarten (rot, gelb, grün) als optische Hilfsmittel für die Leitung

Station 5 Utensilien für den Klassenrat **Aufgabenblatt**

1. Begründe, warum die folgenden Utensilien für den Klassenrat wichtig sind.

   Briefkasten: ____________________

   Vordrucke: ____________________

   Protokollbuch: ____________________

   Plakat: ____________________

2. Sollte es für den Stuhlkreis eine feste Sitzordnung geben?

   ____

   ____

   ____

3. Hast du eine Idee, wie die Klasse ohne großen Aufwand zu einem Stuhlkreis umgebaut werden kann?

   ____

   ____

   ____

Materialblatt Station 6 Formalien für den Klassenrat

Die folgenden Formalien sind für den Klassenrat wichtig:

- Es gibt jede Woche eine Sitzung, immer in der gleichen Unterrichtsstunde.
- In der Klasse wird für die Sitzung der Stuhlkreis vorbereitet. Dies sollte in der Pause geschehen.
- Der Lehrer nimmt an der Sitzung teil, ist aber nicht der Verantwortliche, deshalb muss er sich wie alle Schüler an die vereinbarten Regeln halten und sitzt ebenfalls im Stuhlkreis.
- Jeder Schüler kann ein Anliegen für den Klassenrat notieren. Wie dies geht, wird vereinbart.
- Alle Anliegen sollen behandelt werden; dies geht aber aus zeitlichen Gründen nicht immer in derselben Sitzung.
- Im Klassenrat gibt es verschiedene Ämter zu besetzen. Die Amtsinhaber werden nach einem bestimmten Rhythmus gewechselt.
- Über jede Klassenratssitzung wird ein Protokoll verfasst.
- Die Protokolle werden in einem Ordner oder Buch gesammelt.

Station 6 Formalien für den Klassenrat **Aufgabenblatt**

1. Welche Stellung hat der Lehrer im Klassenrat?

____

____

____

2. Welche Rechte haben die Schüler im Klassenrat?

____

____

____

3. Warum ist die Anfertigug eines Protokolls über die Sitzung wichtig?

____

____

____

4.2 Die Einführungsphase

In der ersten Einführungsstunde werden die Schüler mit dem Ablauf des Klassenrates (siehe Kap. 3.7) vertraut gemacht. Die Phasen werden erläutert und visualisiert, organisatorische Notwendigkeiten geklärt. Die vorgestellten, auf die jeweilige Klasse abzustimmenden, Visualisierungshilfen können auf den Boden in die Klassenmitte gelegt, über den Tageslichtprojektor sichtbar gemacht oder als Plakat an einer Tafel ausgestellt werden. Wichtig ist, dass alle Schüler die Informationen hören und sehen können.

Achtung: Trotz der Organisation sollte bereits mindestens ein konkretes Anliegen der Schüler diskutiert werden, um die Bedeutung des Klassenrates den Schülern vor Augen zu führen.

Vorschläge für Visualisierungsplakate:

Sitzungseröffnung

Der Vorsitzende eröffnet die Sitzung
- Ich begrüße euch zum Klassenrat.
- Ich begrüße euch zur heutigen Klassenratssitzung.
- Herzlich willkommen zum Klassenrat.
- Heute tagt wieder der Klassenrat, herzlich willkommen.
- …

Zum heutigen Leitungsteam gehören
- Protokollschreiber: ____________________
- Regelwächter: ____________________
- Zeitwächter: ____________________
- __________ ____________________

Die Grundregeln lauten:
- Nicht reinrufen, sondern melden!
- Nicht beleidigen!
- Nicht stören!
- …

Starten wir mit den positiven Kurznachrichten:
- Was hat in der Woche gut geklappt?
- Was ist mir gut gelungen?
- Was hat mich diese Woche erfreut?
- Was gibt es Positives über die Schule zu berichten?

Das Fragen nach positiven Kurznachrichten wird die Atmosphäre positiv beeinflussen. Jeder, der möchte, kann etwas sagen, sich dabei im Sprechen trainieren oder seine Scheu vor der Runde verlieren. Die Kurznachrichten können sogar zu einer „Positiven Runde“ ausgedehnt werden, bei der jeder etwas sagen kann, aber nicht muss. Dazu wird z. B. ein Sprechball herumgereicht. Wer ihn bekommt, spricht, schließt sich dem Vorredner an oder gibt ihn wortlos weiter.

Rückfragen zum letzten Protokoll

Das Protokoll der letzten Sitzung wird vorgelesen:
- Sind alle Beschlüsse richtig wiedergegeben?
- Ist das Protokoll so in Ordnung?
- Möchte jemand etwas am Protokoll kritisieren?

Sind alle Beschlüsse umgesetzt worden?
- Was hat geklappt? Was hat nicht funktioniert?
- Wie verfahren wir weiter?

Die Rückbesinnung auf die gefassten Beschlüsse der letzten Sitzung unterstreicht die Bedeutung des Klassenrates. Beschlüsse werden nicht um ihrer selbst willen gefasst, sondern sollen das Zusammenleben in der Klasse verbessern. Von daher ist es wichtig, deren Umsetzung zu hinterfragen, um eventuell nachbessern oder abhaken zu können. Für die Schüler wird so einsichtig, dass der Klassenrat nicht nur abnickt, sondern begleitet.

Die heutige Tagesordnung

Welche Anliegen, Probleme oder Konflikte gibt es heute?
- Sollen die eingereichten Punkte besprochen werden?
- Welche haben sich erledigt?
- Wer zieht seinen Punkt zurück?

In welcher Reihenfolge behandeln wir die Punkte?
- Mit welchem Punkt beginnen wir?
- Welchen Zeitraum setzen wir an?
- Wie sieht die Tagesordnung dann aus?

Liste der eingereichten Anliegen
☐
☐
☐

Das Verlesen des letzten Protokolls sowie dessen Genehmigung durch die Abstimmung des Gremiums gehören genauso zu den notwendigen Formalitäten wie die gemeinsame Festsetzung der Tagesordnung anhand der eingereichten Anliegen, egal welchen Inhalts. Die Anliegen können bereits vor Sitzungsbeginn zusammengestellt werden. Notwendig ist aber auf jeden Fall, dass jeder, der ein Anliegen angemeldet hat, über dessen Aktualität befragt wird. Jeder Schüler hat das Recht, auf die Besprechung seiner Eingabe zu verzichten, ohne dass er dieses ausführlich begründen muss. Um schüchternen Schülern diesen Schritt zu erleichtern, kann man zu Beginn der Sitzung eine Vetokarte auslegen, die der Schüler dann nur zeigen muss, wenn er nach seinem Anliegen befragt wird.

Aufrufen der Tagesordnungspunkte (TOP ______)

Fall 1: Ein Anliegen

- Bei einem **Anliegen** wird dieses durch den einbringenden Verfasser erläutert.
- Die Klasse spricht über das Anliegen.
- Für und Wider werden herausgestellt.
- Es werden Lösungswege aufgezeigt oder Beschlüsse formuliert.
- Die Klasse stimmt über die Vorschläge ab.
- Wird mit nein abgestimmt, ist das Anliegen erledigt.
- Wird mit ja abgestimmt, berät die Klasse, wie der genehmigte Vorschlag umzusetzen ist.
- Vorschlag und Umsetzung werden ins Protokoll aufgenommen.

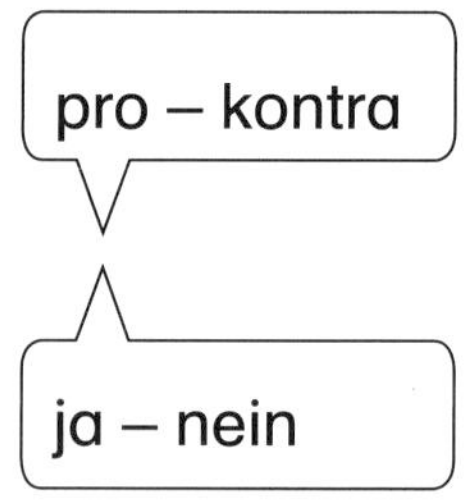

Aufrufen der Tagesordnungspunkte (TOP ______)

Fall 2: Ein Konflikt

- Bei einem **Konflikt** wird dieser durch den Betroffenen vorgetragen.
- Die Gegenpartei schildert ihre Sicht.

- Ganz deutlich muss werden: Worin besteht der Konflikt?
Wie sieht er von verschiedenen Seiten aus?
Welche Gefühle haben die Beteiligten?

- Die Klasse sammelt Vorschläge zur Entschärfung des Konfliktes.
- Die Klasse entscheidet sich für einen Lösungsvorschlag.
- Die Konfliktparteien akzeptieren das Vorgeschlagene.
- Der Lösungsvorschlag wird im Protokoll festgehalten.

Den Schülern sollte an dieser Stelle bereits deutlich werden, dass ein Anliegen in Form eines Wunsches und die Besprechung eines Konfliktfalles ganz unterschiedliche Vorgehensweisen beinhalten.

An diesem Punkt erscheint es sinnvoll, einen aktuellen, von den Schülern eingebrachten, Fall zu besprechen. Der Lehrer übernimmt in diesem Fall die Moderation (Leitung) und führt die Schüler unter Rückgriff auf die entsprechende Visualisierungshilfe in den Fall ein. Für die Schüler wird deutlich, dass hier zum ersten Mal der Klassenrat eine Entscheidung trifft, selbst wenn der Lehrer eine andere Lösung bevorzugt hätte.
Außerdem erhalten die Schüler hier eine Art „Lehrvorführung", die zum Nachahmen anregt. Dieses Prinzip der Anschauung und des daraus resultierenden Lernens ist ein Weg, in den Klassenrat einzuführen.

Deutlich wird aber auch, dass Klassen, die in Kommunikation und Sozialverhalten noch Defizite aufweisen, diese Kernkompetenzen für den Klassenrat erlernen müssen. Dies kann entweder durch ein vorgeschaltetes Kommunikations- und Sozialtraining geschehen oder durch ein schwerpunktmäßiges Üben in den ersten Sitzungen des Klassenrates.
Hier müsste dann der entsprechende Schwerpunkt in die jeweilige Tagesordnung eingeplant werden.

Beenden der Klassenratssitzung

Die gefassten Beschlüsse und Lösungsversuche werden nochmals vorgelesen.
- Wir haben ______ TOPs besprochen.
- Das wurde dazu festgehalten: ______

Der Vorsitzende beendet den heutigen Klassenrat.
- Das war's für heute. Vielen Dank für die Mitarbeit.
- Vielen Dank und ein erholsames Wochenende.
- Wir haben gut gearbeitet – vielen Dank dafür.

In der nächsten Klassenratsrunde werden zu Beginn der Sitzung die Ämter besetzt. Die Ämterverteilung zu Beginn des Klassenrats ist eine Maßnahme, die Fingerspitzengefühl erfordert. Einerseits soll kein Schüler abgewiesen werden, andererseits müssen die ein Amt übernehmenden Schüler kompetent dafür sein, denn sie sind die Versuchskaninchen, die eine möglichst gute Figur abgeben sollen. So erscheint es sinnvoll, die erste Ämterbesetzung durch freiwillige Meldung der Schüler zu vergeben, bei der der Lehrer, wenn er es geschickt anstellt, durchaus unbemerkt steuern kann.
Um keinen Frust bei der Klasse aufkommen zu lassen, empfiehlt es sich, sofort im Anschluss an die Ämtervergabe den Rhythmuswechsel bei den Ämtern festzulegen. Dabei kann sich die Klasse durch einen Mehrheitsbeschluss aktiv einbringen.

Folgende Alternativen sind denkbar:

- Ämterwechsel mit jeden Ferien
- Ämterwechsel monatlich
- Ämterwechsel halbjährlich
- Ämterwechsel wöchentlich
- Ämterwechsel _______________ (Idee der Klasse)

- Ämter nach dem Alphabet vergeben
- Ämter nach der normalen Sitzordnung der Klasse
- Ämter nach freiwilliger Meldung
- Ämter durch Auslosen
- Ämtervergabe _______________ (Idee der Klasse)

Nach Klärung dieser formal wichtigen Frage beginnt das Leitungsteam mit seiner Sitzung nach dem beschriebenen Verlaufsschema.

Wie die Besprechung von Tagesordnungspunkten (TOPs) ablaufen kann, stellen die folgenden drei Sequenzen dar: ein Blick in die positive Runde, ein Anliegen oder Wunsch bzw. eine Konfliktsituation.

TOP 2: Rückblick auf die letzte Woche – die positiven Kurznachrichten

Jens (Leiter): TOP 2 fragt nach den positiven Nachrichten der letzten Woche. Gibt es Wortmeldungen?

Daniel: Ich finde, dass wir uns in der letzten Woche als Klasse vorteilhaft dargestellt haben. Es gab keinen Klassenbucheintrag wegen schlechten Verhaltens und keine schwerwiegende Auseinandersetzung.

Maria: Dem stimme ich zu. Außerdem fand ich, dass der Klassenraum nicht so verdreckt war wie die Woche zuvor.

Lehrer: Ich finde es toll, dass ich in der Woche keinen von euch mit nicht gemachten Hausaufgaben notieren musste.

TOP 3: Unser Klassenraum soll wohnlicher ausgestaltet werden

Jens (Leiter): Ich rufe den TOP 3 auf: Unser Klassenraum soll wohnlicher ausgestaltet werden. Eingebracht wurde er von Silvie, Nina und Nicole. Wer von euch drei begründet den Vorschlag?

Nicole: Wir finden, dass der Klassenraum zu sehr nach Schulklasse aussieht, Tische, Bänke, Tafeln und das war's. Keine Blumen, keine Bilder, nichts Gemütliches.

Nina meldet sich, Jens ruft sie auf.

Nina: Ich möchte ergänzen, dass die Gestaltung der Seitentafel noch vom letzten Schuljahr ist, da ist nichts Aktuelles.

Silvie meldet sich.

Silvie: Außerdem finde ich, dass kleine Vorhänge am letzten Fenster gut aussehen würden. Wir möchten, dass sich alle im Klassenraum besser fühlen können.

Jens: Ihr habt euer Anliegen vorgetragen. Gibt es dazu Meinungen?

Vier Schüler melden sich; die Namen werden vom Assistenten notiert.

Assistent: Tanja, du hast dich als Erste gemeldet.

Tanja: Ich finde die Idee super. Mich stört das auch. Blumen auf den Fensterbänken finde ich genauso gut wie Gardinen.

Als Nächster wird Luca aufgerufen.

Luca: Ich finde den Vorschlag unüberlegt. Ein Klassenraum ist kein Wohnzimmer, sondern ein Raum, in dem gelernt werden soll, ohne Schickschnack. Sachlich muss der Raum sein, nur das darin, was man braucht.

Jetzt kommt David an die Reihe.

David: So eine blöde Idee kann nur von Mädchen kommen. Vielleicht stellen wir noch einen Keksteller auf und bieten Tee an oder richten eine Sabbelecke für geschwätzige Mädchen ein.

Der Regelwächter meldet sich mit beiden Händen und sagt: „David, ich ermahne dich, bleibe sachlich und beleidige niemanden.“

Svenja: Ich fände einen gemütlicheren Klassenraum auch gut. Von daher finde ich die Eingabe von Nicole gut und unterstütze sie.

Es werden im Sinne von Pro und Kontra noch mehrere Argumente vorgetragen.

Jens: Jetzt sind viele Argumente ausgetauscht, dafür oder dagegen.
Ich schlage vor, dass wir grundsätzlich über das Vorhaben, einen wohnlicheren Klassenraum zu gestalten, abstimmen.
Wer den Vorschlag von Nicole befürwortet, den bitte ich um Handzeichen.
Wer gegen den Vorschlag ist, meldet sich jetzt.
Wer enthält sich der Stimme?
Für das Protokoll: 12 Ja-Stimmen, 8 Nein-Stimmen, 4 Enthaltungen.
Der Vorschlag ist angenommen.
Wir müssen jetzt überlegen, wie der Vorschlag umgesetzt werden soll …

TOP 4: Ausgrenzen wegen guter Noten

Jens (Leiter): Als Nächstes kommt TOP 4 an die Reihe. Finn und Ela, ihr habt den Punkt eingebracht.

Finn: Ich spreche für uns beide. Wir haben oft in den schriftlichen Arbeiten gute Noten und freuen uns darüber. Wir finden es sehr unfair, dass wir nach Rückgabe einer Arbeit von den anderen, speziell von Nele und Julia, ausgegrenzt werden. Sie lachen uns aus, sprechen nicht mit uns und nennen uns immer Streber.

Jens: Nele und Julia, was sagt ihr zu den Vorwürfen?

Nele: Das stimmt, aber nur zum Teil. Immer, wenn Finn und Ela gute Noten zurückbekommen, sind sie ganz außer sich und erzählen jedem, dass sie wieder eine Zwei oder Eins geschrieben haben. Das ärgert mich, denn ich habe auch für die Arbeit gelernt. Was kann ich dafür, dass ich nicht so gut bin?

Julia: Genau, das ist es. Wenn die beiden nicht so angeben würden, wäre es für uns leichter zu ertragen. Ich gebe ja auch nicht an, obwohl ich in Sport viel besser bin als Ela. Wenn die dann freudestrahlend auf mich zukommen, kann es schon sein, dass ich Streber sage.

Jens: Der Konflikt stellt sich also wie folgt dar: Finn und Ela sind stolz auf gute Noten und erzählen jedem davon. Nele und Julia ärgern sich über dieses Angeben, wie sie es nennen, und wollen mit den beiden nichts zu tun haben. Manchmal fallen auch dabei Schimpfworte. Ist der Konflikt so richtig beschrieben?

Die Betroffenen stimmen zu.

Jens: Wer hat eine Idee, wie man den Konflikt entschärfen könnte?

(Drei Schüler melden sich, der Assistent schreibt die Namen auf.)

Assistent: Luca, du wolltest etwas dazu sagen.

Luca: Mir ist auch schon aufgefallen, dass Finn und Ela mit ihren Noten angeben. Ich schlage vor, dass sich die beiden bei guten Noten leise freuen und es nicht überall großspurig erzählen.

Kevin: Ich finde es aber auch nicht okay, wenn der Lehrer Schüler mit guten Noten namentlich vor der Klasse erwähnt. Besser wäre, die Arbeit ohne Kommentare zurückzugeben.

Es gibt noch weitere Wortmeldungen zum Thema, das Thema droht in eine Aussprache über das Für und Wider zur Bekanntgabe von Noten abzugleiten.

Der Zeitwächter meldet sich zu Wort und weist darauf hin, dass nur noch wenige Minuten bis zum Ende der Sitzung verbleiben.

Jens: Die letzten Wortmeldungen helfen nicht, den aktuellen Konflikt zu lösen. Wenn das Thema wichtig ist, kann es jemand für die nächste Sitzung einbringen.

Ein Lösungsvorschlag wäre: Finn und Ela freuen sich bei guten Noten still und ohne Aufsehen. Nele und Julia verhalten sich ganz normal, denn es gibt keinen Grund, eifersüchtig oder ärgerlich zu sein. Könnt ihr die vorgeschlagene Lösung akzeptieren?

Alle Betroffenen erklären, dass sie einverstanden sind.

Jens: Dann notieren wir den Lösungsvorschlag im Protokoll.

Die skizzierten Beispiele verdeutlichen, dass die Schüler insgesamt über bestimmte Kommunikations- bzw. Sozialkompetenzen verfügen müssen, um den Klassenrat erfolgreich durchführen zu können. Mit Beginn des Klassenrates werden die Schüler unbemerkt in Kommunikation und Sozialverhalten geschult. Von Sitzung zu Sitzung erfahren und lernen sie, dass es Strategien und Verhaltensweisen gibt, die für den Erfolg des Klassenrates bedeutsam sind. Um dies letztlich praxiswirksam werden zu lassen, gibt es zwei Wege: die Schulung der Schüler außerhalb des Klassenrates in besonderen Unterrichtsstunden wie Kommunikations- oder Sozialtraining oder die begleitende Schulung während der Sitzungen. Für welchen Weg sich der Lehrer entscheidet, liegt an der spezifischen Klasse und seinem persönlichen Engagement.

4.3 Kommunikations- und Sozialtraining

Für jede Schule gibt es allgemeine Kommunikationsregeln, die normalerweise den täglichen Unterricht bestimmen, wie:

- ✔ Ich melde mich, wenn ich etwas sagen will.
- ✔ Ich rufe nicht dazwischen, sondern warte ab.
- ✔ Ich höre aufmerksam zu.
- ✔ Ich gehe respektvoll mit den anderen um.
- ✔ Ich beleidige niemanden oder spreche abfällig über ihn.
- ✔ Ich störe nicht.
- ✔ Ich lenke meine Mitschüler nicht ab.
- ✔ Ich unterhalte mich nicht mit meinem Nachbarn.

Solche allgemeinen Gesprächs- und Verhaltensregeln gilt es grundsätzlich, aber insbesondere für den Klassenrat zu erweitern:

- ✔ Es wird nur über die Punkte der Tagesordnung gesprochen.
- ✔ Es wird nur über anwesende Personen gesprochen.
- ✔ Ich spreche mein Gegenüber direkt an.
- ✔ Wenn ein Anliegen besprochen wurde, ist es für diese Sitzung erledigt.
- ✔ Meine Meinung ist mein persönlicher Standpunkt, andere können durchaus eine andere Meinung vertreten.
- ✔ Die Wahrheit kann ganz anders aussehen.
- ✔ Jede Meinung muss begründet werden.
- ✔ Nachplappern hilft nicht weiter.
- ✔ Es gibt aktives und passives Zuhören.
- ✔ Neben der Sprache gibt es auch die Körpersprache.
- ✔ Gefühle des anderen kann man auch an der Körpersprache erkennen.
- ✔ Gefühle ausdrücken kann man lernen.

4.3.1 Gemeinschaftsfördernde Maßnahmen

Um eine Klasse für den Klassenrat vorzubereiten, empfiehlt es sich, mit sozialen Trainingseinheiten das Gemeinschaftsgefühl der Klasse zu stabilisieren und zu stärken. An dieser Stelle kann der Einbezug der Schulsozialarbeit, die ja inzwischen an vielen Schulen ihren festen Platz hat, hilfreich sein. Dies kann sowohl in Einzelstunden als auch in Stundenblöcken, wie z. B. Projekttagen, erfolgen.
Alle eingeleiteten Maßnahmen sollen bewirken, dass die Klasse als Gemeinschaft gestärkt wird. Den Schülern sollte bewusst werden, dass sie gemeinsam erfolgreich agieren und sich für ihre Ziele einsetzen können und dass sie in der Lage sind, Eigeninitiative zu entwickeln, um ihren schulischen Alltag positiver zu gestalten. Dazu ist ein möglichst konfliktfreier persönlicher Umgang untereinander unerlässlich.

Im Folgenden werden exemplarisch einige Maßnahmen beschrieben, welche das Gemeinschaftsgefühl innerhalb der Klasse herausfordern und die Klasse zusammenwachsen lassen.

Im Klassenraum werden DIN A4 große Kartonblätter auf dem Boden verteilt, sodass jeweils der nächste Karton durch einen Schritt zu erreichen ist. Es werden nach dem Zufallsprinzip Kleingruppen gebildet. Die Schüler einer Gruppe fassen sich an den Händen und versuchen gemeinsam, das andere Ende des Klassenraums zu erreichen, ohne dass die Hände der anderen losgelassen werden. Dabei darf sich die Kleingruppe nur auf den ausgelegten Kartons bewegen. Absprachen innerhalb der Gruppe sind gestattet.

In der Klasse sind an vier Stellen Gymnastikringe aufgestellt (oder werden von Schülern gehalten). Alle übrigen Schüler fassen sich an den Händen und gehen einmal im Karree durch die Klasse und steigen dabei durch die vier Ringe. Der feste Kreis darf dabei nicht gebrochen werden, d. h., die Schüler dürfen sich nicht loslassen.

Jeder Schüler erhält ein ca. 1 m langes Seil. Die einzelnen Seilteile sollen jetzt so zusammengelegt werden, dass sich daraus die Kennzeichnung der Klasse ergibt, z. B. 7 a. Dabei muss die Kombination (Zahl, Buchstabe) in einer einheitlichen Größe sein und es muss jedes Seilstück benutzt werden.
Diese Übung kann dadurch erschwert werden, dass sich einige Schüler die Augen verbinden und so die Kombination gelegt wird.

Jeder Schüler erhält einen Luftballon. Dieser wird aufgeblasen. Die Klasse erhält die Aufgabe mithilfe der aufgeblasenen Luftballons einen Gegenstand (Turm, Boot, Brücke usw.) zu erstellen. Als Hilfsmittel steht nur ein doppelseitiges Klebeband zur Verfügung. Es darf kein Luftballon übrig bleiben.

Erschweren kann man die Aufgaben dadurch, dass Sprechen verboten wird und die Schüler sich nur durch die Körpersprache und Gesten verständigen können.

Ziel all dieser Maßnahmen ist eine Stärkung des Wir-Gefühls, des Einfühlungsvermögens und die Entwicklung von Teamgeist, denn letztlich können solche Aufgabe nur bewältigt werden, wenn gemeinsam an der Lösung probiert und gearbeitet wird. Die Schüler sehen auch, dass jeder Einzelne für das Ergebnis wichtig ist, dass keiner ausgeschlossen werden darf, dass Hilfestellungen angebracht und gute Ideen gefragt sind, egal von wem. Nur das gemeinsame Endergebnis aller Schüler der Klasse zählt.

4.3.2 Aktives Zuhören

Für das richtige Verständnis für Anliegen bzw. Konflikte im Klassenrat ist das aktive Zuhören die Basis für eine spätere Problemlösung.
Aktives Zuhören bezieht sich sowohl auf Sprache als auch auf Körperhaltung, das bedeutet:

Top 10 des richtigen Zuhörens

- Ich wende mich dem Sprechenden zu und schaue ihn an.
- Ich höre in Ruhe zu und konzentriere mich auf seine Worte.
- Ich achte auf seine Stimme und die Art, wie er spricht.
- Ich unterbreche den Sprechenden nicht.
- Ich achte auch auf seine Gesten.
- Ich beobachte seine Mimik.
- Ich kommentiere die Äußerungen nicht.
- Wenn etwas unklar geblieben ist, frage ich nach.
- Ich kann das Gehörte kurz wiederholen, um sicher zu sein, dass ich es richtig verstanden habe. Dies ist vor allem beim Konfliktgespräch wichtig.
- Ich warte, ob der Gesprächspartner meine Worte korrigiert.

Durch folgende Redewendungen werden die Top 10 unterstützt:

- Du hast gesagt, dass …
- Aus deiner Sicht …
- Von deinem Standpunkt aus betrachtet …
- Habe ich dich richtig verstanden, dass du …
- Wenn ich dich richtig verstanden haben, dann …
- Trifft es zu, dass …
- Könnte es sein, dass …
- Ich fasse deine Worte zusammen: ….
- Mit anderen Worten …
- Ich habe den Eindruck, dass du …
- Wenn ich dich so beobachte, dann …
- Es scheint, dass du …
- Du hast deutlich gemacht, dass …
- Ich bin mir nicht sicher, ob du das so gemeint hast …
- Berichtige mich, wenn ich das Gesagte ungenau zusammengefasst habe.

Aktives Zuhören kann man im Rahmen des Kommunikationstrainings auch außerhalb des Klassenrates üben. Hierzu eignen sich folgende, kurz skizzierte Spielideen:

Das Echospiel: Der Lehrer heftet eine Impulskarte an die Tafel oder erzählt eine Geschichte mit offenem Schluss. Ein Schüler formuliert eine Aussage zu dem Thema und gibt das Wort weiter. Der nachfolgende Schüler wiederholt das von seinem Vorgänger Gesagte und ergänzt mit seiner Aussage. Der Nächste wiederholt die Worte seines Vorgängers und ...

Flüsterpost: Der Lehrer flüstert einem Schüler eine Aussage ins Ohr. Dieser gibt die Aussage an seinen Nachbarn weiter. Der Nachbar flüstert sie dem Nächsten ins Ohr ... Nach einigen Runden wird überprüft, was von der Ursprungsaussage übrig geblieben ist.

Kugellager: Die Schüler sitzen in zwei einander zugewandten Kreisen, einem Innen- und einem Außenkreis. Ein Schüler aus dem Außenkreis berichtet seinem Gegenüber einen vorgegebenen Sachverhalt. Der Innenkreis dreht sich um eine Person. Der Schüler aus dem Innenkreis berichtet seinem neuen Gegenüber, was er gerade erfahren hat. Anschließend vergleichen die beiden Schüler aus dem Außenkreis den Anfangsbericht mit dem weitergegebenen.

Verstopfte Ohren: In einer Vierergruppe erzählt ein Schüler eine Begebenheit. Zwei Schüler hören genau zu, der dritte passt nicht auf. Welche Rolle sie spielen, erfahren die Schüler vor Beginn der Runde und halten sie geheim. Wie reagiert der Erzähler, wenn er auf den Schüler mit den verstopften Ohren trifft?

Schattenjagd: Zwei Schüler sitzen sich gegenüber, hinter jedem steht sein Schatten. Die beiden Schüler unterhalten sich über ein Thema. Nach einem Signal müssen die Schatten ihren Originalen erzählen, was sie behalten und bemerkt haben. Hat der Schatten nicht richtig zugehört, muss er noch eine Runde Schatten spielen.

4.3.3 Gesprächsführung im Klassenrat

Um Gespräche im täglichen Unterricht, aber auch besonders anlässlich der Klassenratssitzung angemessen und sachorientiert führen zu können, helfen Wortwahl und Redewendungen, die einerseits neutral, zielgerichtet und sachlich sind, die niemanden provozieren oder angehen, die andererseits aber einen Bezug zu den vorausgegangenen Aussagen vermitteln. Wird ein Anliegen durch unpassende Beiträge künstlich in die Länge gezogen, verlieren Schüler Lust und Motivation, sich an den Gesprächen zu beteiligen. Um dies zu verhindern, kann man auf bestimmte Redewendungen zurückgreifen. Wirken diese in der Anfangsphase oft eher gekünstelt, ändert sich dies bei häufiger Nutzung. Redewendungen werden nicht mehr um ihrer selbst willen eingesetzt, sondern sind in den normalen Sprachgebrauch der Schüler integriert.

Beispielhaft werden typische Redewendungen aufgeführt, um Gespräche zielgerichtet zu orientieren:

- Ich habe die Idee, dass …
- Mein Vorschlag zu diesem Anliegen ist: …
- Ganz spontan meine ich, dass …
- Ich bin überzeugt davon, dass …
- Ich halte es für denkbar, dass …
- Meiner Meinung nach …
- Ich möchte zu der Aussagen von … Folgendes hinzufügen: …
- Ich bin derselben Ansicht wie …
- Die letzte Aussage möchte ich ergänzen …
- Deine Idee finde ich sehr interessant.
- Ich sehe das ebenso und möchte deshalb …
- Um noch einmal auf deine Meinung zurückzukommen …
- Ich bin da aber ganz anderer Ansicht.
- Ich kann dem Vorschlag auf keinen Fall zustimmen.
- Darüber habe ich eine völlig andere Meinung.
- Für mich stellt sich die Problematik so dar …
- Meinst du nicht, dass wir darüber noch einmal sprechen sollten?
- Deine Argumentation kann ich nicht nachvollziehen.
- Ich würde dir gerne zustimmen, aber …
- Ich meine, du hast einen wichtigen Aspekt außer Acht gelassen.
- Mir fehlt eine Begründung für deine Meinung.

4.3.4 Die Gefühlsebene

Gefühle steuern den Menschen. Sind wir bei uns sympathischen Personen eher wohlwollend gestimmt, trifft bei denen, die uns unsympathisch sind, oft genau das Gegenteil zu. Von daher ist es wichtig, dass sich die Schüler nicht unüberlegt von Gefühlen beherrschen lassen, sondern Gefühle und deren Ausdrucksweisen korrekt einordnen und deren Differenzierungen kennen. Dazu gehören sowohl die kognitive (Wie nenne ich meine Gefühlslage genau und wozu kann sie führen?) als auch die emotionale Ebene (Mit welchen Gefühlen werden Menschen konfrontiert und wie kann man diese verbalisieren?).

Auch bei Klassenratssitzungen sind differenziert ausgesprochene Gefühlswörter sehr hilfreich. Aussagen wie *Ich fühle mich gut oder cool, Ich fühle mich schlecht oder beschissen* helfen als Allgemeinplätze kaum weiter, um die Gefühlslage sachrichtig einzuschätzen. Daher sollen neben den Grundgefühlen wie Angst, Freude oder Wut auch deren kleinschrittige Differenzierungen für die Betroffenen ausdrückbar sein.
Für die Schüler ist auch die Erkenntnis bedeutsam, dass Gefühle etwas Situations- und Personenabhängiges sind und dass eine Situation bei verschiedenen Menschen unterschiedliche Gefühle hervorrufen kann. So empfinden z. B. einige Menschen eine große Menschenmenge als Bedrohung, andere aber als Motivationsträger euphorisch mitzumachen. Umgekehrt zeigt der eine Mut bei besonderen Herausforderungen, der andere ist hingegen nur mutig, wenn er die Situation beherrscht.

Die folgende Aufzählung und Kategorisierung von Gefühlen hilft bei der Vorbereitung zum Klassenrat die Schüler entsprechend zu sensibilisieren, ihre Gefühlslage möglichst genau zu beschreiben.

Positive Gefühle:	**Negative Gefühle:**
froh, fröhlich glücklich,	ängstlich, ärgerlich, nervös,
mutig, stolz, stark,	hilflos, verzweifelt, ratlos, traurig,
entspannt, locker, ruhig,	aufgeregt, erschrocken, betroffen,
aufgeklärt, bestätigt, sicher,	gespannt, gereizt, besorgt,
zufrieden, begeistert, wohlwollend,	wütend, zornig, sauer,
angenommen, befreit,	beleidigt, bedrückt, enttäuscht,
angesprochen	gelangweilt

4.3.5 Ich-Botschaften

Vor allem im Konfliktfall spielt die Ansprache seines Gegenübers eine wesentliche Rolle zum Entschärfen und späteren Lösen des Streites.
Während im Schulalltag meist auf Du-Botschaft zurückgegriffen wird („Du hast mein Mäppchen extra vom Tisch auf den Boden geworfen.“), schlägt die Ich-Botschaft einen anderen Weg vor.

Der betroffene Schüler spricht über sich selbst, was passiert ist, wie er die Situation sieht und welche Gefühle er dabei hat. Er greift den anderen weder verbal noch körperlich an, sondern formuliert an seinen Kontrahenten eine Botschaft. Da eine solche Botschaft im Alltag eher unüblich ist (auch bei Erwachsenen im täglichen Umgang miteinander), bedarf es hierzu Übung und Methode, um Schüler zu einem solchen Verhalten anzuleiten, das deeskalierend und entspannend wirken kann.

Ein typisches Beispiel aus dem Schulalltag zeigt die beiden Gegenpole und ihre Wirkung:

Luca ist stolz auf sein neues Mäppchen. Zwei rote Autos aus der Serie „Cars“ strahlen auf dem Deckel um die Wette. Vor ihm sitzt Paul. Bereits zum zweiten Mal ist Paul in dieser Stunde während des Unterrichts aufgestanden und hat mit einer raschen und für den Lehrer unbemerkten Handbewegung das Mäppchen vom Tisch gefegt. Luca ist natürlich sauer, er sieht, dass der Deckel Kratzer abbekommen hat. Er steckt das Mäppchen in seinen Ranzen und schwört Rache. Paul hat dies genau beobachtet und grinst.

Du-Botschaft

Am Ende der Stunde bleiben Luca und Paul wie zufällig in der Klasse. Der Lehrer wartet bereits vor der Klasse, um diese abzuschließen. Folgender Dialog schließt sich an:

Paul, du hast mein neues Mäppchen total verkratzt.
Ich? Wie kommst du auf so einen Schwachsinn?
Weil du es immer runterwirfst.
Dafür konnte ich nichts, warum legst du es dann so provozierend vor dich?
Mach ich doch gar nicht, du Neidhammel.
Neidhammel? Angeber!
Was kann ich dafür, dass du dir so etwas nicht leisten kannst?
So einen Babykram will ich doch gar nicht.
Wenn du damit nicht aufhörst, dann (er droht mit der Faust).
Paul geht auf Luca zu: *Was dann, du halbe Portion?*

Man kann sich leicht vorstellen, wie die Situation weitergehen könnte. Bei der Du-Botschaft fühlt sich das Gegenüber angegriffen, unverstanden und zusätzlich provoziert. Die Gefahr einer Eskalation wächst.

Ich-Botschaft

Am Ende der Stunde bleiben Luca und Paul wie zufällig in der Klasse. Der Lehrer wartet bereits vor der Klasse, um diese abzuschließen. Luca geht auf Paul zu:

Ich bin traurig, wenn du mein Mäppchen runterwirfst. Es ist ganz neu und der Deckel könnte verkratzen. Ich möchte, dass du mein Mäppchen in Ruhe lässt.
Ich werde ärgerlich, wenn ich sehe, wie du mit dem Mäppchen angibst. Dann muss ich einfach reagieren und werfe es vom Tisch. Ich möchte, dass du mit dem Angeben aufhörst.
Ich wusste nicht, dass dich das so aufregt. Ich wollte nicht provozieren. Ich werde mein Mäppchen einfach nicht so auffällig auf der Bank liegen lassen.
Dann gibt es für mich auch keinen Grund mehr, so zu reagieren.

Wenn auch die beiden Gespräche idealtypisch geschildert sind (das zweite wird so wahrscheinlich nie ablaufen), tritt der Unterschied deutlich hervor.
Nicht der Vorwurf steht im Mittelpunkt, sondern die Botschaft:

Ich bin traurig, wütend oder provoziert, wenn du dich mir gegenüber so verhältst.

Der Beschuldigte erfährt genau, mit welchem Verhalten der Kontrahent ein Problem hat und wie sich dieses Problem bei diesem emotional auswirkt. Die Beschreibung des Verhaltens muss dabei wertfrei und unkommentiert formuliert sein, damit sich der Angesprochene in diese Situation besser hineinversetzen, vielleicht Verständnis entwickeln kann und sich nicht angegriffen fühlt.
Des Weiteren schildert der Betroffene, welche Folgen dieses Verhalten für ihn haben könnte oder wozu es führen kann und schließt gleich einen Wunsch an, wie sich der andere in Zukunft verhalten möge. Der Beschuldigte erfährt, wie sein Verhalten wirkt und welche Folgen

sich daraus ergeben können. Damit wird ihm unbemerkt die Hand zur Versöhnung angeboten, ohne dass eine nachträgliche Rechtfertigung für das Fehlverhalten verlangt wird. Wie oder ob er letztlich sein Verhalten ändert, bleibt ihm natürlich selbst überlassen.

Die hier angebotene Struktur der Ich-Botschaft ist ein in der Praxis bewährtes Hilfsmittel, um eine Ich-Botschaft zu formulieren. Einzelne Elemente sind dabei austauschbar bzw. können auch weggelassen werden.

- ***Ich beschreibe wertfrei das Verhalten.*** ***V – Verhalten***
- ***Ich nenne mein Gefühl.*** ***G – Gefühl***
- ***Ich begründe die Folgen für mich.*** ***F – Folgen***
- ***Ich äußere einen Wunsch oder eine Erwartung.*** ***W – Wunsch***

Mit dem folgenden Rollenspiel kann die Ich-Botschaft veranschaulicht und geübt werden:

Inka und Conny haben folgende Eingabe für den Klassenrat in den Briefkasten gesteckt:

Timo und Nico toben in den Fünf-Minuten-Pausen, wenn kein Lehrer in der Klasse ist, oft um unseren Tisch herum. Sie zerren an ihm, werfen Sachen auf den Boden und stören uns.

17.02. Inka, Conny

Rollenkarte Inka Inka ist ruhig und schüchtern. Sie bereitet sich in den Pausen stets auf die nächste Stunde vor. Sie unterhält sich danach gerne mit Conny. Es nervt sie total, wenn die Jungen um ihren Tisch herumlaufen. Sie fühlt sich dann gestört, traut sich aber nicht, etwas zu sagen.	**Rollenkarte Conny** Conny ist schon mal aufbrausend und es kann durchaus sein, dass sie losschimpft. Sie unterhält sich gerne mit Inka, denn die beiden haben immer etwas zu bereden. Dabei wollen sie nicht gestört werden. Conny findet es kindisch, wenn die Jungen um den Tisch herumtoben und dabei ihre Sachen zu Boden fallen.
Rollenkarte Nico Nico kann nur schwer ruhig sitzen. Nach 45 Minuten Unterricht muss er sich einfach bewegen. Da die Schüler die Klasse nicht verlassen dürfen, beginnt er oft, Timo zu ärgern. Er nimmt ihm etwas weg und dieser läuft dann hinter ihm her. Es ist gerade der frei stehende Tisch von Conny und Inka, der zum Rundlaufen einlädt. Außerdem laden quatschende Mädchen ihn förmlich zum Ärgern ein.	**Rollenkarte Timo** Timo ist eher ruhig. Es nervt ihn, wenn Nico so herumhampelt. Auf der anderen Seite macht es ihm nichts aus, wenn Nico ihm etwas wegnimmt. Die Nachlaufrunden gefallen ihm und er rennt gerne hinter Nico her. Dass dabei der Tisch verrückt wird, findet er eigentlich auch nicht so gut, aber es geht eben nicht anders. Er findet es übrigens blöd, dass Mädchen immer nur quatschen wollen.

Vier Schüler der Klasse, die sich mit den Charakteren anfreunden können, bereiten ihre Botschaften im Sinne von Ich-Botschaften vor und spielen diese vor dem Plenum. Dabei sind folgende Formulierungen denkbar:

Inka: Timo und Nico laufen in der Fünf-Minuten-Pause um unseren Tisch herum. Dabei rempeln sie uns an oder verschieben den Tisch. Dies stört unsere Unterhaltung und nervt daher. Wenn wir so gestört werden, können wir uns in der kurzen Pause nicht entspannen. Daher wünschen wir, dass ihr das Herumlaufen lasst.

Nico: Conny und Inka sitzen immer an ihrem Tisch und reden miteinander. Ich brauche Bewegung, um mich entspannen zu können. Ich wünsche mir, dass ihr aufsteht und in eine Klassenecke zum Sprechen geht.

Der tägliche Schulalltag bietet viele Situationen, mit denen Schüler die Verbalisierung einer Ich-Botschaft üben und trainieren können. Beispiele sind:
Hausaufgaben: Du hast diese mühevoll erstellt und gibst auf Bitten deinem Freund das Heft zum Abschreiben. Kurze Zeit später hängt die halbe Klasse abschreibend über deinem Heft.
Verrat: Du hast einem Mitschüler ein Geheimnis anvertraut. Am nächsten Morgen tuscheln alle über dich und grinsen dich an.
Wandertag: Der letzte Wandertag war ein totaler Reinfall, bei dem nur der Lehrer durch die endlos lange Wanderung Spaß hatte. Du möchtest dieses Mal einen Ausflug zum Thema „Natur beobachten" im Kletterwald anregen.
Ausleihen: Du hast einem Mitschüler dein Heft ausgeliehen, damit er sich besser auf einen Test vorbereiten kann. Als du es zurückerhältst, ist die Vorderseite voller Fettflecken.

4.3.6 Fragetechniken

Jede Klassenratsversammlung ist auf einen zügigen Ablauf der Tagesordnung angewiesen, da in der Regel nur 45 Minuten zur Verfügung stehen. Daher kann es hilfreich sein, mit geschickten Fragen das Gespräch oder die Aussprache weiterzubringen.

Folgende Fragetypen sind für den Klassenrat relevant:

- **Entscheidungsfragen**
  Von den Teilnehmern wird mit der Frage eine klare und eindeutige Entscheidung verlangt, z. B.: *„Wer stimmt dem Vorschlag, am nächsten Wandertag schwimmen zu gehen, zu?", „Ist die Schilderung des Vorfalles so richtig?"*
  Mit solchen gezielten Fragen lässt sich ein besprochener Prozess abschließen oder zumindest ein Stück weiterbringen.

- **Offene Fragen**
  Diese beginnen in der Regel mit einem W-Fragewort (Wer? Wie? Was? …). Damit kann das Gesprächsklima verbessert werden, da keine Antwort vorgegeben, sondern herausgefordert wird. Es wird signalisiert, dass Informationen benötigt werden und Interesse an der Sache und der Darstellung des anderen besteht, z. B.: *„Wie möchtet ihr das organisieren?", „Was ist genau geschehen, wenn du meinst, dass dich so etwas nervt?"*

Auf Warum-Fragen sollte man verzichten, da diese als Vorwurf gedeutet und den Gefragten herausfordern. Statt also zu fragen *„Warum hast du mein Mäppchen versteckt?“*, ist die Fragestellung *„Was wolltest du mit dem Verstecken erreichen?“* besser.

- **Impulsfragen**
  Unausgesprochen steht hinter Impulsen oft eine konkrete Frage, ohne dass diese verbalisiert wird. Mit solchen Impulsen werden alle im Klassenrat angesprochen und zu einer Aussage oder zum Weiterdenken aufgefordert, ohne dass eine bestimmte Richtung bereits vorgegeben ist, z. B.: *„Auf der Wunschliste zum nächsten Wandertag steht das Wort Busreise.“*

- **Zirkuläre Fragen**
  Nach der Schilderung eines Vorfalls oder eines Wunsches werden mit diesem Fragetypus Meinungen und Einschätzungen der Teilnehmer des Klassenrates herausgefordert. So können leicht neue Aspekte in die Betrachtung eingebracht werden. Insbesondere ist hiermit die Meinung und Einschätzung der Unbeteiligten gefragt. Mit einer Frage wie *„Was glaubt ihr, wie sich Inka gefühlt hat, nachdem sie von Svenja einfach stehen gelassen wurde?“* werden die anderen zur Antwort aufgefordert und nicht der Betroffene selbst.

- **Überflüssige Fragen**
  Vermeiden sollte man in jedem Fall überflüssige Fragen, die nicht weiterhelfen, weil die Antwort schon vorher gegeben wurde oder keine neuen Aspekte mehr erwartet werden können, wie z. B. nach einer ausführlichen Diskussion *„Hat noch jemand etwas dazu zu sagen?“* oder nach einer Fallschilderung *„Das hast du doch bestimmt nicht extra gemacht?“*.

Die passende Frage an der richtigen Stelle zu stellen, ist eine Kunst, die langsam aus der Erfahrung erwächst, die aber auch geübt und so verinnerlicht werden kann.

4.4 Top 10 für ergebnisorientierte Konfliktmoderation

Während die Gesprächsführung bei normalen Vorhaben oder Wünschen der Schüler im Klassenrat relativ leicht zielgerichtet durchführbar ist, bedarf es bei der Leitung von Konfliktgesprächen Fingerspitzengefühl und besondere Moderationshinweise, da neben dem Konfliktfall auch die Emotionalität, eventuell Gruppenzwang bzw. Außenseiterängste eine Rolle spielen. Die folgenden praxisorientierten Top 10 der Konfliktmoderation und deren Unterstützung durch entsprechende Formulierungshilfen verstehen sich als Hilfestellung für Konfliktgespräche. Dabei handelt es sich um eine idealtypische Aufzählung, die in der Praxis so detailliert selten zur Anwendung kommt. Eher werden Punkte miteinander verknüpft, ohne getrennt oder nacheinander behandelt zu werden. Auch aus Zeitgründen ist es oft erforderlich, bei der Moderation zu raffen. Trotzdem ist es wichtig, die Schritte zu kennen, um selbst ein vereinfachendes Gestalten weitergeben zu können.

Top 1: Visualisierung des Moderationsablaufes

Gerade in der Anfangsphase des Klassenrates ist es hilfreich, den gesamten Gesprächsaufbau im Überblick vor Augen zu haben. Hierzu eignet sich z. B. ein Plakat oder Eintrag auf der Klassenratstafel, auf dem für alle sichtbar die Schritte sofort ins Gedächtnis gerufen werden können.

Folgende Formulierungshilfen können hilfreich sein:
- Ich verweise auf den Ablauf eines Konfliktgespräches.
- Ihr erinnert euch sicher noch daran, sonst werft einfach einen Blick auf das Plakat / die Tafel.
- Formuliert eure Anliegen als Ich-Botschaft.
- Sprecht für euch selbst, nicht über andere.

Top 2: Einverstanden?

Gerade bei der Behandlung von Konflikten ist es dringend geboten, die direkt Beteiligten nach ihrem Einverständnis zu fragen. Nur wenn sich die Konfliktparteien zur Verhandlung vor dem Klassenrat bereiterklären, besteht die Hoffnung auf eine einvernehmliche Lösung.
Verweigern beide Parteien oder auch nur eine die Zustimmung, kann die Angelegenheit nicht im Klassenrat thematisiert werden. In einem solchen Fall muss der Klassenlehrer andere Wege der Konfliktaufarbeitung einschlagen.

Folgende Formulierungshilfen können eingesetzt werden:
- Bist du / Seid ihr einverstanden, dass euer Anliegen vor dem Klassenrat besprochen wird?
- Du zögerst mit deiner Antwort. Hast du Bedenken?
- Was würde dir helfen, dein Einverständnis zu geben?
- Du möchtest keine Besprechung vor dem Klassenrat. Hast du dir das gut überlegt?
- Wenn du wirklich keine Besprechung möchtest, dann wird der TOP gestrichen.

Top 3: Konfliktbeschreibung

Zunächst erfolgt die möglichst wertfreie und neutrale Beschreibung des Konfliktes aus der Sicht des jeweiligen Konfliktbetroffenen. Es geht nicht um Bewertung oder Zustimmung/Ablehnung, sondern um das Verständnis für den Konflikt aus dem jeweiligen Blickwinkel. Beide Parteien haben dieselbe neutrale Ausgangsposition, den Konflikt aus ihrer Sicht zu schildern, und beiden Seiten wird dieselbe Aufmerksamkeit der Zuhörer gewidmet.
Achtung: Es ist wichtig, bei dem aktuellen Konflikt zu bleiben, andere ähnlich gelagerte Konflikte gehören nicht in diese Aussprache.

Folgende Formulierungshilfen stehen dem Klassenratsvorsitzenden zur Verfügung:
- Erzähle, was aus deiner Sicht passiert ist.
- Berichte über den Konflikt aus deiner Sicht.
- Jetzt kommt die Sichtweise der Gegenseite.
- Der Kontrahent schildert jetzt seine Sichtweise.
- Habe ich richtig verstanden, dass …?

- Kann ich deine Schilderung so zusammenfassen?
- Schildere den Konflikt neutral, ohne dein Gegenüber anzugreifen.
- Kannst du eine andere Wortwahl treffen?
- Wir behandeln nur den aktuellen Konflikt.
- Dein geschilderter Konflikt hilft uns bei der aktuellen Situation nicht weiter.

Top 4: Hintergründe des Konfliktes

In dieser Phase geht es um die Ursachenforschung bzw. die Hintergründe des Konfliktes. Hier ist zunächst wichtig, die emotionale Ebene beider Seiten zum Ausdruck zu bringen. Dem Gegenüber wird so verdeutlicht, dass sein Verhalten oder seine Worte auf der Gefühlsebene des anderen Prozesse auslösen, z. B. ein Gefühl, das nicht beabsichtigt war.
Zusätzlich gilt es, die Absichten für das Verhalten zu hinterfragen. Nur wenn diese deutlich werden, kann später eine adäquate Lösung vereinbart werden. Viele Schüler sind damit überfordert, Absichten oder Beweggründe für ihr Handeln zu nennen. Die eigentliche Bedürfnislage ist ihnen oft nicht präsent oder kann nicht verbalisiert werden, da sie auf der Gefühlsebene liegt. Daher müssen hier geschickte Fragen die Barriere aufbrechen.
Erhält man auf der Suche nach Beweggründen keine Antwort, besteht noch die Möglichkeit, das Plenum einzubeziehen, indem man die Frage weitergibt und zu Hypothesen auffordert. Achtung: Alle Antworten sind Denkmodelle und nicht unbedingt die Wahrheit. Sie können aber helfen, Sprachhemmnisse der Betroffenen abzubauen.

Folgende Formulierungshilfen für Fragen können einen Weg weisen:
- Wie ging es dir dabei? / Wie hast du dich gefühlt?
- Was ging dir durch den Kopf?
- Was genau hat er gesagt oder getan?
- Hört sich an, als hättest du …
- Was wolltest du mit deinem Verhalten erreichen?
- Was hast du von deinem Gegenüber erwartet?
- Was hast du / hat dein Gegenüber zur Entstehung des Konfliktes beigetragen?

Top 5: Wechsel der Perspektive

Für das Aufklären des Konfliktes kann ein Wechsel der Perspektive hilfreich sein. Dieser Wechsel beinhaltet, dass sich jede Seite in die Lage des anderen versetzt. So kann man den Betroffenen deutlicher vor Augen führen, wie es ist, wenn man selbst an der Stelle des anderen agieren soll. Vor allem die damit verknüpfte Einsicht, dass das eigene Handeln, die eigenen Worte oder Gesten direkte Auswirkungen auf das Gegenüber haben, lässt sich so eindrucksvoll vermitteln. Dahinter steht die goldene Regel: Handle stets so, wie du selbst behandelt werden möchtest.
Auch in dieser Phase kann der Einbezug des Plenums zur Erhellung des Konfliktes beitragen, wenn durch das Einfühlen in die Perspektive eines anderen Gefühle, Ideen oder Verhaltensweisen sichtbarer werden.

Folgende Formulierungshilfen können dabei eingesetzt werden:
- Was denkst du, wie __________ bei dem Konflikt zumute war.
- Was meinst du, wie er jetzt darüber denkt?
- Wenn du __________ wärest, wie würdest du dich fühlen?
- Wenn du __________ wärest, wie hättest du reagiert?
- Wenn du __________ wärest, was würdest du denken?
- Was glaubt ihr, wie es jemandem geht, der so etwas erlebt hat?
- Was glaubt ihr, wie sich jemand fühlt, der so herausgefordert wird?

Top 6: Zusammenfassung

Es ist hilfreich, bevor man in die Lösungssuche einsteigt, das bisher Besprochene (den Konflikt, die Hintergründe, die Gefühle und Reaktionen) kurz zusammenzufassen, um eine gleiche Ausgangsbasis für den weiteren Ablauf zu schaffen.

Mit folgenden Worten kann die Zusammenfassung eingeleitet werden:
- Wir haben herausgefunden, dass ....
- Ich fasse das Besprochen kurz zusammen:
- Nach der Besprechung stellt sich der Konflikt wie folgt dar:
- Bei dem heutigen Konflikt geht es um ...

Top 7: Lösungssuche

Bei den vorausgehenden Schritten ist sichtbar geworden, dass jede der Konfliktparteien in irgendeiner Weise zu dem Konflikt beigetragen hat. Daher gilt hier die Aufforderung an die Schüler zu überlegen, wie der Konflikt gelöst werden kann. Dies kann methodisch durch konkrete Wortmeldungen, aber auch durch ein Brainstorming geschehen. Bei Letzterem werden Lösungsansätze unzensiert dem Plenum mitgeteilt und bleiben als solche unbewertet oder unkommentiert stehen. Jeder Vorschlag ist dabei zunächst als gleichwertig anzusehen, selbst wenn er abwegig erscheint. Ideal ist es, wenn ein breites Feld von Vorschlägen aufgedeckt werden kann. Tun sich die Schüler bei der Lösungssuche schwer, kann man auch auf Partner oder Kleingruppen zurückgreifen, die jeweils einen Vorschlag machen sollten. Wichtig ist auch, dass die Vorschläge auf beide Parteien abzielen und nicht nur einseitig der „Hauptschuldige" bedacht wird. Bei einer Vielzahl von Vorschlägen sollten diese z. B. durch den Protokollführer oder einen anderen Helfer notiert werden.

Mit folgenden Fragen kann diese Phase begleitet werden:
- Was kann __________ tun, um den Konflikt zu lösen?
- Wie können __________ sich verhalten, um beim nächsten Mal anders zu reagieren?
- Mit welchen Maßnahmen wird es __________ besser gehen?
- Was bist du bereit zu tun, um den Konflikt zu lösen?
- Welche Forderung hast du an den anderen?
- Welches Verhalten sollte vermieden werden?
- Gibt es andere Ideen zur Problemlösung?
- Denkt daran, dass beide Parteien betroffen sind.

Top 8: Lösungsauswahl

Nach der Sammlung der Lösungsvorschläge werden diese gesichtet. Dabei finden sich in der Regel sowohl unrealistische wie praktikable Ansätze. Unrealistisch sind z. B. Ideen, die gegen geltendes Recht wie Schul- oder Hausordnung verstoßen, solche, die einseitig eine Partei betreffen oder für beide nicht annehmbar sind. Diese werden zunächst mit entsprechender Begründung aus der Liste gestrichen.
Die praktikablen Vorschläge werden anschließend den Kontrahenten vorgestellt. Sollte eine Partei eine Lösung ausschließen, wird diese gestrichen. Alle Lösungen, mit denen sich beide einverstanden erklären, werden als akzeptabel festgehalten. Bei genauerer Betrachtung dieser Vorschläge sollten auch die Konsequenzen mit bedacht werden, da Folgen und Auswirkungen die Kontrahenten vielleicht noch längere Zeiten begleiten werden.
Schließlich entscheiden die beiden Konfliktparteien, welche der Lösungen sie gerne ausprobieren möchten. Daher wird hier nochmals eine konkrete Frage gestellt, die es mit einem eindeutigen Ja zu beantworten gilt. Stimmen beide mit Überzeugung der Lösung zu, besteht die große Chance einer erfolgreichen Umsetzung.

Folgende Fragestellungen begleiten diesen Prozess:
- ____, ist diese Lösung für dich annehmbar?
- ____, stimmst du diesem Vorschlag zu?
- Du hast Bedenken? Dann streichen wir diesen Weg.
- Du lehnst diese Lösung ab? Dann entfällt sie.
- Auf welche Lösung wollt ihr euch einigen?
- Welcher Lösung stimmt ihr beide zu?
- Seid ihr wirklich mit der Lösung einverstanden?
- Ist die Einigung auf den Lösungsvorschlag akzeptiert?
- Deine Zustimmung ist aber kein eindeutiges Ja.
- Gebt mir zum Abschluss ein klares Ja.

Top 9: Lösungsvereinbarung

Nach erfolgter Lösungsakzeptanz muss im letzten Schritt noch genau festgelegt werden, wie die Lösung umzusetzen ist. Je nach Alter der Schüler oder Sachlage muss kleinschrittiger oder weitgehender geplant werden.

Im Einzelnen gilt es folgende Fragen zu klären:
- Was genau ist jetzt von wem zu tun?
- Wer ist beteiligt bzw. wer wird in die Lösung mit einbezogen?
- Bis wann muss die Vereinbarung umgesetzt sein?

Top 10: Protokollieren

Zum Abschluss werden die getroffene Vereinbarung und die Umsetzungsmodalitäten im Protokoll festgehalten. So kann man zu Beginn der nächsten Klassenratssitzung überprüfen, ob die Vereinbarung eingehalten und umgesetzt wurde und die Betroffenen mit dem erreichten Ergebnis zufrieden sind.

Folgende Fragen könnten gestellt werden:
- Was genau steht im Protokoll?
- Lies die Vereinbarung und die Umsetzung vor.
- Ist etwas Wichtiges vergessen worden?

Visualisierung des Moderationsablaufes

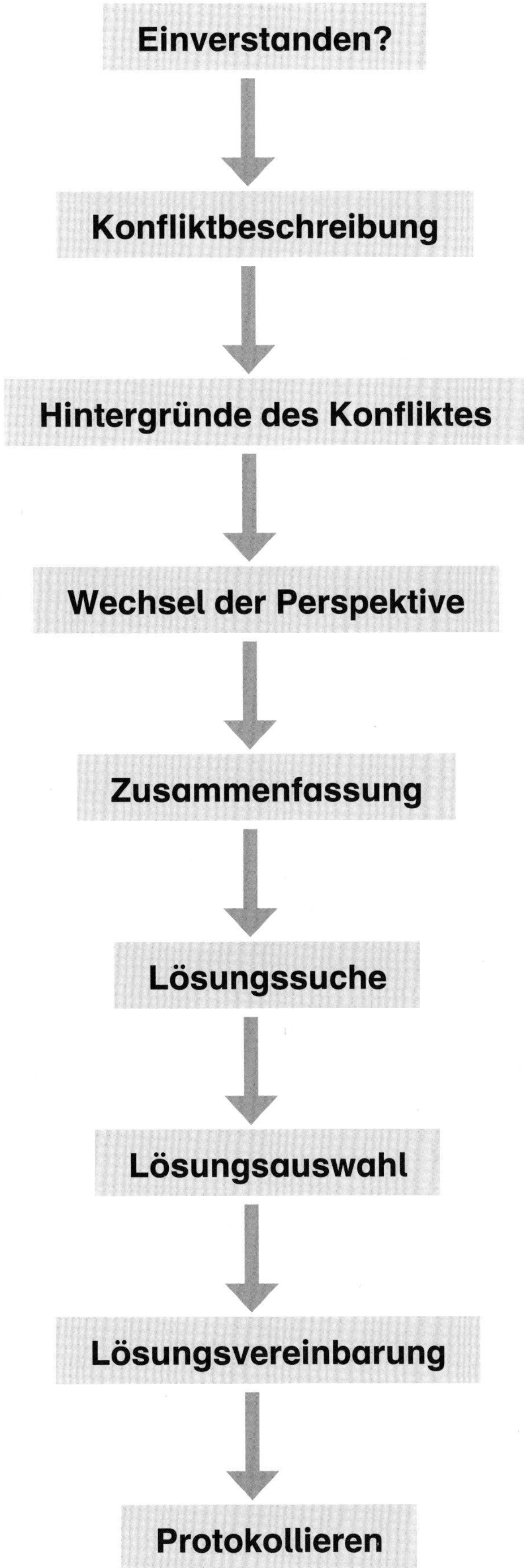

4.5 Atmosphäre im Klassenrat

Der Ablauf des Klassenrates, bei dem es ja einzig um die Anliegen der Schüler geht, ist formalisiert und führt in der Regel zu einem besonderen Maß an Motivation und Aufmerksamkeit. Trotzdem hat auch der Klassenrat mit denselben Problemen zu kämpfen wie der tägliche Unterricht. Klassenrat halten bedeutet nicht automatisch Ruhe, Konzentration, begeisterte Schüler oder gewinnbringende Gespräche mit Lösungen, sondern auch Disziplinlosigkeit, Dazwischenrufen, Nachbargespräche und somit allgemeine Unruhe. Während im Alltag die Lehrer mit diesen Problemen konfrontiert sind, fällt dies beim Klassenrat auf das Leitungsteam zurück. Es hat sich als hilfreich herausgestellt, wenn hier auf feste und allgemein akzeptierte Riten zurückgegriffen werden kann.

Besondere Ruhezeichen

Wird es im Klassenrat zu laut oder unruhig, wird die linke Hand gehoben und der rechte Zeigefinger auf den Mund gelegt. Eingebracht werden kann dieses Zeichen durch den Versammlungsleiter, den Regelwächter, aber auch durch jeden Schüler, der sich durch den Geräuschpegel gestört fühlt. Wird dieses Zeichen von mehreren Schülern nachgeahmt, sollte als eindeutiges Signal der Geräuschpegel in der Klasse fallen und es ruhiger werden.

Klangstab oder Klangschale

Sie werden angeschlagen, wenn die Unruhe innerhalb der Versammlung greifbar wird bzw. wichtige Regeln nicht eingehalten werden. Da es sich um ein besonderes Instrumentarium handelt, soll es nur vom Vorsitzenden selbst oder dem Regelwächter bedient werden. Die Schüler wissen, wenn dieses Klangzeichen erklingt, bedeutet es für sie, ruhig zu werden und alle Gespräche einzustellen. Damit die Wirkung des Klanges erhalten bleibt, ist es nur sparsam zu gebrauchen.

Direkte Ansprache

Stören ein oder mehrere Schüler mehrfach die Versammlung, sollte sie direkt angesprochen werden, jedoch nicht vorwurfsvoll, sondern freundlich und bestimmt. Folgender Wortlaut ist dabei denkbar:

„Momentan kommen wir nicht gut weiter, weil du zu unruhig bist und dadurch andere ablenkst."

„Das eingebrachte Anliegen können wir im Moment nicht lösen, da du uns mit deinem Gerede beim Nachdenken hinderst."

„Wenn dir im Moment das Ruhigsein schwerfällt, dann setze dich bitte außerhalb des Kreises. Wenn du es dann wieder schaffst mitzuarbeiten, kehrst du in den Kreis zurück."

Die Signalkarten

Aus dem Alltag kennt jeder Schüler die Bedeutung der drei Signalkartenfarben Grün, Gelb und Rot. Zieht der Vorsitzende oder der Regelwächter bei einer Klassenratsversammlung die gelbe Karte, weiß der Betroffene, dass er verwarnt ist und beim nächsten Stören die Runde eine Zeit lang verlassen muss. Dies trifft beim Zücken der roten Karte zu.
Der bereits Verwarnte muss sich außerhalb des Kreises setzen und darf nicht mehr mitreden oder abstimmen. Nach einer gewissen Wartezeit kann die grüne Karte gezeigt werden, die dem Schüler die Erlaubnis zur Rückkehr in den Kreis signalisiert. Durch die Nutzung der Signalkarten braucht der Ablauf der Versammlung bei Störungen nicht durch längere Worte oder Erklärungen unterbrochen werden.

Auch durch die allgemeine Klassenatmosphäre wird die Sitzung des Klassenrates beeinflusst. Es besteht ein gewaltiger Unterschied, ob eine Schulklasse partnerschaftlich agiert oder durch mangelndes Gemeinschaftsgefühl geprägt ist.
Welcher Schüler wird sich trauen, im Klassenrat seine begründete Meinung zu sagen oder sein Anliegen einzubringen, wenn …

- er Angst haben muss, ausgelacht zu werden?
- er zum Mitläufertum gezwungen wird?
- ein Klassenstar als Führungsposition die Richtung vorgibt?
- Egoismus und Einzelkämpfertum die Arbeitsweise bestimmen?
- Hilfsbereitschaft und Unterstützung Fremdworte sind?
- Neid, Hass und Ellenbogen an der Tagesordnung sind?

Der Klassenrat kann letztlich nur dann erfolgreich etabliert werden und arbeiten, wenn innerhalb der Klasse eine positive Grundatmosphäre herrscht. Diese lässt sich an folgenden Faktoren ausmachen:

- gegenseitige Akzeptanz der Schüler
- keine Angst, ausgelacht zu werden
- keine Angst, frei seine Meinung zu äußern
- keine Gewalt im Klassenzimmer
- Hilfsbereitschaft der Schüler untereinander
- Klasse bildet eine verschworene Gemeinschaft
- von allen akzeptierte Klassenregeln
- loben, wenn angebracht, tadeln, wenn notwendig
- offene Arme für Neulinge

Für eine positive Atmosphäre spricht auch, wenn eine Klasse mithilfe von vereinbarten Handzeichen bzw. Signalen geführt oder diszipliniert werden kann. Dabei sollte es nicht nur Zeichen für negative oder zu bemängelnde Umstände geben, sondern auch Zeichen für Lob und Bestätigung:

- die Hand heben (dabei den Zeigefinger strecken), wenn man etwas sagen möchte
- beide Hände gleichzeitig heben (und beide Zeigefinger strecken), wenn man direkt auf die vorausgegangene Aussage reagieren möchte
- mit beiden Händen wedeln und dabei die Finger nach oben halten, bedeutet Zustimmung (Beifall)
- mit beiden Händen wedeln und dabei die Finger nach unten strecken, signalisiert Ablehnung
- Die linke Hand heben und mit den rechten Zeigefinger auf den Mund legen, bedeutet, dass es im Moment zu laut ist.
- Ein besonderes Geräusch (z. B. Klingel, Klangstab oder Pfeife) symbolisiert, dass die Schüler zur Ruhe kommen sollen.
- Daumen nach oben strecken, bedeutet: Gut gemacht!
- Einen Ring mit Zeigefinger und Daumen bilden, heißt: Spitze!
- Eine Vetokarte hochhalten, bedeutet: Einspruch!
- Eine grüne Karte zeigen, bedeutet, super oder toll gemacht, eine gelbe symbolisiert eine Verwarnung und die rote Karte zieht eine Ordnungsmaßnahme nach sich.

Alle oben gezeigten Zeichen, die je nach Intention von den Schülern, dem Klassenratsvorsitzenden oder dem Lehrer eingesetzt werden, haben gemeinsam, dass sie im laufenden Unterricht ohne abrupte Störung des Ablaufes oder Unterbrechung des Redeflusses nutzbar sind.

4.6 Reflexionsphasen

Nach erfolgtem Start des Klassenrates sollte in regelmäßigen Abständen (z. B. monatlich) eine Reflexionsphase eingeplant werden, in der über den organisatorischen Ablauf, insbesondere aber über das Verhalten der Schüler bzw. der Klasse reflektiert wird. Hierdurch lernen die Schüler, zum einen bewusster auf ihr Verhalten zu achten, zum anderen Regeln und deren Notwendigkeiten immer wieder zu hinterfragen, zu überprüfen und gegebenenfalls anzupassen.

Um in eine solche Reflexion möglichst alle Schüler einbeziehen zu können, ist es hilfreich und zeitsparend, einen Fragebogen bereitzustellen, der von allen Schülern ausgefüllt und anschließend besprochen wird. Dies kann im Plenum oder in einer Kleingruppe geschehen. Die Kleingruppe hat den Vorteil, dass es Schülern leichter fällt, dort ihre persönliche Meinung zu begründen, als dies vor der gesamten Schülerschaft vorstellen und vertreten zu müssen. Wenn dann die Kleingruppen ihre Ergebnisse präsentieren, sind positive Aussagen und negative Kritikpunkte schon zusammengefasst und durch mehrere bestätigt. Neben der allgemeinen Reflexion ist auch ein Selbsteinschätzungsbogen von Vorteil, den die Schüler individuell für sich ausfüllen. Aufgrund dieses Bogens kann jeder Schüler dann bewusster auf sein Verhalten achten und versuchen, Mängel auszugleichen.

Im Folgenden werden Möglichkeiten für einen Selbsteinschätzungsbogen sowie einen Reflexionsbogen vorgestellt.

Selbsteinschätzungsbogen: **Mein Verhalten im Klassenrat**

Denke über dein Verhalten im Klassenrat nach und markiere die entsprechende Stelle auf der Skala. Du kannst dich mit einem Mitschüler über den Bogen austauschen, musst es aber nicht. Der Bogen verbleibt bei deinen persönlichen Unterlagen.

	immer	**oft**	**selten**	**nie**
Ich höre aktiv zu und schaue den Sprechenden an.	☐	☐	☐	☐
Ich lasse andere ausreden und unterbreche sie nicht.	☐	☐	☐	☐
Ich benutze bei eigenen Meldungen die Ich-Botschaft.	☐	☐	☐	☐
Bei Antworten spreche ich meinen Vorredner gezielt an.	☐	☐	☐	☐
Ich versuche, mich in den anderen hineinzuversetzen.	☐	☐	☐	☐
Bei Konflikten beteilige ich mich an der Lösungssuche.	☐	☐	☐	☐
Bei Anliegen sage ich meine persönliche Meinung.	☐	☐	☐	☐

Suche dir für die nächsten Wochen einen oder zwei Punkte heraus, die nach deiner Meinung noch nicht so gut sind und versuche, diese gezielt zu verbessern.

Reflexionsbogen zu unseren Klassenratssitzungen A

Kreuze an. Begründe bei freien Antworten deine Meinung.

1. Wie findest du die Einrichtung des Klassenrates? Mit unserem Klassenrat bin ich:

sehr zufrieden	zufrieden	einverstanden	unzufrieden	sehr unzufrieden
☐	☐	☐	☐	☐

2. Findest du die Ämtervorgabe in Ordnung? Sind Ämter überflüssig? Sollten neue Ämter hinzukommen?

Ämtervorgabe in Ordnung	überflüssige Ämter	neue Ämter

3. Was hat sich durch den Klassenrat verändert?

Positiv habe ich bemerkt: ____________________

____

____

Negativ ist mir aufgefallen: ____________________

____

____

Ich habe keine Veränderungen festgestellt. ☐

	immer	**oft**	**selten**	**nie**
Reicht die Zeit aus, um das eingebrachte Anliegen zu erklären?	☐	☐	☐	☐
Hören die Schüler den Sprechenden aktiv zu?	☐	☐	☐	☐
Trauen sich alle Schüler, im Klassenrat ihre Meinung zu vertreten?	☐	☐	☐	☐
Werden Aussagen als Ich-Botschaften formuliert?	☐	☐	☐	☐
Wird ausreichend auf den Vorredner eingegangen?	☐	☐	☐	☐
Werden Schüler und Lehrer in der Reihenfolge ihrer Meldung aufgerufen?	☐	☐	☐	☐

Vielen Dank für deine ehrliche Meinung!

Reflexionsbogen zum Klassenrat B

Kreuze an. Begründe bei freien Antworten kurz deine Meinung

a) Wie findest du die Einrichtung des Klassenrates? Den Klassenrat finde ich:
- ☐ eine sehr gute Einrichtung
- ☐ eine wichtige Hilfe für alle
- ☐ eine angenehme Stunde
- ☐ überflüssig

b) Was findest du am Klassenrat gelungen? Was kann verbessert werden?

Gelungen finde ich:	Verbessert werden kann:
______________________	______________________
______________________	______________________
______________________	______________________
______________________	______________________
______________________	______________________

c) Wie hat sich der Klassenrat auf das Klassenklima ausgewirkt?
- ☐ Es ist gleich geblieben.
- ☐ Wir haben eine bessere Gemeinschaft.
- ☐ Die Streitigkeiten haben zugenommen.
- ☐ Wir halten als Klasse jetzt besser zusammen.

d) Ist die Zeit ausreichend, in der ihr die eingebrachten Anliegen besprecht?
- ☐ Die Zeit ist genau richtig eingeplant.
- ☐ Es dauert oft viel zu lange, bis wir zum Ergebnis kommen.
- ☐ Oft sind wir viel zu früh fertig, weil keiner etwas sagen will.
- ☐ Wir sprechen über unsere Wünsche nicht ausführlich genug.
- ☐ Wir reden zu lange über Konflikte.

e) Möchtest du noch etwas mitteilen, was bisher nicht gefragt wurde?

____

____

____

Vielen Dank für deine Mithilfe und deine ehrliche Meinung.

5 Weiterentwicklungen des Klassenrates

Die in Kapitel 4 beschriebenen Schritte dienen der Einführung und Erprobung des Klassenrates. Meist liegt der Einführungsphase eine Dauer von einem halben Schuljahr zugrunde. In dieser Zeit sollte der Klassenrat so gefestigt und verinnerlicht sein, dass er zielgerichtet arbeiten kann und die an ihn gerichtete Erwartung, ein Gremium der Schüler für eine verantwortungsvolle Mitsprache im täglichen Schulbetrieb zu sein, auch in der Praxis erfüllt. Spätestens zu diesem Zeitpunkt ist eine offizielle Reflexion über das gesamte Umfeld des Klassenrates angebracht. So können positive Erfahrungen bestärkt und ausgebaut, Schwierigkeiten erkannt und Fehlentwicklungen gestoppt bzw. korrigiert werden.

5.1 Reflexion über die bisherige Arbeit

Da der Klassenrat ein Gremium der Schüler einer Klasse darstellt, sollte auch die Reflexion vorrangig in der Hand der Schüler liegen, denn sie entscheiden, was gut gelaufen ist, was verbessert werden kann oder gestrichen werden soll. Der Lehrer wird natürlich seine individuellen Antworten auf diese Fragen haben und diese auch in das Gespräch einbringen, aber nur als eine Meinung unter mehreren und nicht als Meinung, der es zu folgen gilt.

Als Methode für die Reflexion bietet sich wieder das Stationenlernen an, welches die Schüler strukturiert in die Pflicht nimmt und ihnen ausreichend Freiraum lässt, um zielgerichtet zu arbeiten.

Für das Stationenangebot gibt es grundsätzlich zwei Alternativen:

1. Jeder Schüler durchläuft in eigener Regie jede Station und beantwortet die Fragen auf den Stationsblättern.
2. Es werden Kleingruppen gebildet (ca. vier Schüler) und diese gehen nach einem festen Zeitraster von Station zu Station in beliebiger Reihenfolge.

Welche Version gewählt wird, liegt im Ermessen des Lehrers, da er seine Lerngruppe genau einschätzen kann. Erwähnt werden soll auch, dass alternativ eine Reflexion im Unterrichtsgespräch und eventuell eine Visualisierung im Plenum durchgeführt werden kann.
Folgende Stationen können angeboten werden, die von den Schülern einzeln oder in Kleingruppen in mindestens zwei Unterrichtsstunden zu durchlaufen sind.

Station 1: *Sinn des Klassenrates*
Station 2: *Sitzordnung im Klassenrat*
Station 3: *Ämter im Klassenrat*
Station 4: *Regeln im Klassenrat*
Station 5: *Themen im Klassenrat*
Station 6: *Ablauf der Klassenratssitzung*

Um möglichst zeitsparend ans Ziel zu gelangen, ist die Kleingruppe der effektivste Weg, da die Schüler sich hierbei schon an den Stationen austauschen können, um Meinungsunterschiede herauszustellen, aber auch, um zu einem möglichst einheitlichen Ergebnis zu gelangen. Es reicht, wenn eine gemeinsame Gruppenkarte ausgefüllt wird. Gemeinsamkeiten und Kontroversen werden dann im abschließenden Kreis- oder Unterrichtsgespräch im Plenum erörtert, um daraus die entsprechenden Konsequenzen für die weitere Arbeit im Klassenrat zu ziehen.

Station 1 **Sinn des Klassenrates**

Seit einiger Zeit tagt jetzt jede Woche in unserer Klasse der Klassenrat.
Dazu sollt ihr folgende Fragen beantworten:

1. Was läuft besonders gut im Klassenrat?

___

___

___

2. Was kann oder muss im Klassenrat verbessert werden?

___

___

___

3. Habt ihr dafür schon Ideen oder Vorschläge?

___

___

___

Station 2 **Sitzordnung im Klassenrat**

Im Klassenrat sitzen wir normalerweise im Stuhlkreis, sodass jeder von euch jeden anschauen kann.

1. Welchen Vorteil seht ihr in dieser Sitzordnung? Gibt es auch Nachteile? Wie klappt der Umbau der Klasse?

___

___

___

2. Sollte jeder Schüler seinen festen Platz im Sitzkreis haben oder sich spontan nach freier Entscheidung setzen können? Begründet eure Antwort.

___

___

___

3. Habt ihr eine Idee für eine alternative Sitzordnung? Zeichnet diese auf!

Station 3 **Ämter im Klassenrat**

Um den Klassenrat durchführen zu können, sind unterschiedliche Ämter innerhalb der Klasse besetzt worden.

1. Welche Bedeutung haben die folgenden Ämter?

	wichtig	nötig	unwichtig
Klassenratsleiter			
Protokollführer			
Zeitwächter			
Regelwächter			

2. Welche Ämter können in Zukunft entfallen, welche sollten neu aufgenommen werden?
   entfallen: ____________________
   neu aufnehmen: ____________________

3. Welche Vorschläge habt ihr für die Vergabe der Ämter und den Zeitrahmen?

Station 4 **Regeln im Klassenrat**

Für die Arbeit im Klassenrat ist die Einhaltung der vereinbarten Regeln von besonderer Bedeutung.

1. Nennt drei Regeln, die ihr besonders gut findet.

____

____

____

2. Welche Regeln sollten verändert oder gestrichen werden? Welche Regeln sollten neu vereinbart werden?

____

____

____

____

Station 5 **Themen im Klassenrat**

Denkt darüber nach, mit welchen Themen ihr euch im Klassenrat beschäftigt habt.

1. Welche Themen überwiegen? (Anliegen/Wünsche oder Konflikte)

___

___

2. Nennt Themen, die ihr für eher unwichtig haltet.

___

___

3. Fallen euch Themen ein, die noch nicht besprochen wurden, die aber für euch wichtig sind?

___

___

4. Ist die Eingabe der Themen gut organisiert oder habt ihr Alternativen?

___

___

Station 6 **Ablauf der Klassenratssitzung**

Der Verlauf der Klassenratssitzung läuft nach einem festen Schema ab, über das ihr mit den folgenden Fragen nachdenken sollt.

1. Welchen Vorteil hat das Schema: Begrüßung – Protokoll – Tagesordnung – Besprechung des Anliegens – Verabschiedung? Erkennt ihr auch Nachteile?

   Vorteile: ___

   ___

   Nachteile: ___

   ___

2. Benötigt der Klassenrat wirklich ein Protokoll?

___

___

3. Spielt die positive Runde bei eurem Klassenrat eine Rolle? Wenn ja, welche?

___

___

Nach Abschluss und Auswertung der Reflexionen über den Klassenrat gilt es, die Ergebnisse in die Praxis zu transferieren. Dies sollte schrittweise geschehen, um den Schülern die Erkenntnis und das Bewusstsein zu vermitteln, dass es ihr Gremium ist, welches weiterentwickelt und optimiert wird.

5.2 Rückmeldungen zum Klassenrat aus der Praxis

Wie bei allen pädagogischen Fragen wird es auch beim Thema Klassenrat eine Divergenz zwischen Theorie und Praxis geben. Ein noch so schlüssiges und ausgereiftes Konzept, wie das des Klassenrates, birgt Stolpersteine und Barrieren. Jede Klasse ist anders, homogen – heterogen, diszipliniert – undiszipliniert, gemeinschaftlich – egoistisch. Jeder Lehrer ist anders, Neuem gegenüber aufgeschlossen oder verschlossen, kritikfähig oder autoritär, teamfähig oder Einzelkämpfer. Das Schulumfeld, die Elternschaft, der Schulträger, die Schulaufsicht, alles das wirkt in die Schule hinein und ist bei einer kritischen Analyse zu beachten.

Aus der Befragung von Schulen, die bereits auf dem Weg zum Klassenrat sind bzw. schon längere Zeit mit diesem Gremium arbeiten, ergeben sich folgende Rückmeldungen, die, sofern sie auf die individuelle Arbeit mit dem Klassenrat zutreffen, bei einer Weiterentwicklung Berücksichtigung finden können. Hierbei handelt es sich um exemplarische Fallbeispiele mit Tipps und Hilfen für die Gestaltung des Klassenrates.

- Der Klassenrat darf nicht mit Druck oder Repressalien arbeiten. Negative Aussagen von Lehrern zu den Abläufen und nicht zufriedenstellenden Ergebnissen bei einem schlecht funktionierenden Klassenrat sind kontraproduktiv und abzulehnen. Stattdessen gilt es, gemeinsam mit den Schülern Schritte abzuwägen, die zur Lösung der Probleme eingeschlagen werden können.

- Der Klassenrat darf nicht zu einer Institution der Petzerei verkommen, in der nur Probleme einzelner und immer wieder derselben Schüler behandelt werden. Dies ist oft zu Beginn des Klassenrates in der 5. Klasse der Fall, wenn Bagatellprobleme eingebracht werden, wie z. B. das Wegnehmen eines Stiftes oder das Treten in der Pause. Hier muss von Beginn an Einhalt geboten werden, indem bei der Verabschiedung der Tagesordnung entsprechend (und hier ist der Klassenlehrer gefragt) argumentiert und gesteuert wird. Es ist hierbei aber wichtig, dass die Schüler nicht das Gefühl bekommen, dass ihre Anliegen nicht ernst genommen werden.
  So könnte man z. B. Streitfälle, die ähnlich gelagert sind, zusammenführen und vereinbarte Lösungen auch für ähnliche Fälle ohne große Aussprache übertragen. Erfahrungsgemäß stimmen die Schüler einem solchen Vorschlag bei der Besprechung der Tagesordnung zu. Oder man spricht beim Verlesen des Protokolls über die konkret vereinbarten Schritte und fragt nach, ob diese erfolgreich waren und gegebenenfalls eine längere Phase der Nachkontrolle angebracht ist, wenn Schüler mit dem gleichen Vergehen wieder aufgefallen sind. Argumente sind: *Wir geben dir die Chance, die Vereinbarung umzusetzen, selbst wenn du es in dieser Woche noch nicht geschafft hast.*

– Im Klassenrat dürfen Probleme oder Vorhaben nicht zerredet werden, indem jeder Schüler lange und ausführlich seine Meinung und Beobachtungen zu einem Vorfall darlegt, meist noch verknüpft mit vermuteten Schwierigkeiten oder Hintergründen. Es sollte immer wieder hinterfragt werden, ob man noch beim konkreten Fall ist oder die Schilderung für die Lösung wesentlich und gewinnbringend ist. Es ist durchaus legitim, Vielredner, ohne diese bloßzustellen, in ihre Schranken zu verweisen mit Aussagen wie:

  Kann das für die Lösung unseres Falles bedeutsam sein?
  Schilderst du nicht einen ganz neuen oder anders gelagerten Konflikt?
  Mögliche Ursachen haben wir jetzt bereits viele genannt, bleiben wir am konkreten Beispiel.
  Meinst du, dein Beitrag könnte für uns wichtig sein?
  Wenn du auch meinst, dass dein Beitrag wichtig ist, wir konzentrieren uns ganz auf den Streit zwischen …
  Du weißt, wir haben nur eine Stunde Zeit und behandeln genau den Streit zwischen …

– Der Klassenrat bietet, sofern er frühzeitig (in der 5. Klasse) eingeführt wird, die Möglichkeit, eigene Anliegen einzubringen, diese zu besprechen und zu diskutieren, um so gemeinsam zu einer Entscheidung zu gelangen. Junge Schüler begreifen diese Intentionen relativ schnell, da sie mehr oder weniger unbedarft an das Thema Klassenrat herangehen, vor allem, wenn sie gewohnt sind, ihre soziale Umgebung und ihre eigene Rolle bewusst wahrzunehmen. Dies kann erfolgreich zu Beginn der Klassenstufe direkt im Anschluss an die Ferien mithilfe von Trainingseinheiten eingeführt und verinnerlicht werden.
  Ebenso verhält es sich, wenn Klassen neu gebildet und daher sich Sozialgefüge und Gemeinschaft erst entwickeln müssen. Hier eröffnet der Klassenrat die Möglichkeit, Schwierigkeiten von Beginn an zu erkennen, dafür zu sorgen, dass sich diese nicht verfestigen und bewusst mit entsprechenden Eingaben gegenzusteuern. Grundsätzlich gilt, je größer und schwieriger die Probleme in der Klasse sind, desto mehr Zeit benötigt man, bis sich eine positive Verhaltensänderung einstellen kann. Ein langer Atem ist vonnöten, um das Ziel, den Klassenrat zum Gremium der Klasse werden zu lassen, nicht aus den Augen zu verlieren, besonders dann, wenn es in der Nachbarklasse z. B. rascher und effektiver gehandhabt werden kann.

– Wird der Klassenrat erst in höheren Klassenstufen begonnen, trifft man zunächst eher auf Skepsis und Zurückhaltung als auf Begeisterung. Für die Schüler ist es ungewohnt, eigene Anliegen zu erkennen, diese zu formulieren und sogar noch vorzutragen, denn diese Fähigkeiten wurden bisher weder gefordert noch herausgelockt. Stattdessen war nicht die freie Aktion der Schüler, sondern die Reaktion auf Verhalten oder Worte des Lehrers gefragt. Es fehlt das Bewusstsein, dass der Klassenrat von den Schülern selbst gestaltet ist und nicht ein modernes Anhängsel des Lehrers, mit dem er die Schüler disziplinieren und führen kann. Daher bedarf es schon Anstrengung, Einfühlungsvermögen und beispielhaftes Vorgehen, um dem Gedanken an ein Alibigremium entgegenzutreten.

Den Schülern muss bei der Einbringung der Themen bewusst werden, dass es nicht um Kindergartenkram („Der hat mich …"), sondern um echte Anliegen geht, welche den Schülern auf den Nägeln brennen. Mögliche Themen sind u. a.:

- *den Wunsch nach einer Klassenfahrt besprechen und ein gemeinsames Ziel suchen*
- *die Gruppendynamik in einer Klasse, in der eine Gruppe das Sagen hat und die anderen sich mehr oder weniger unterordnen*
- *den Wunsch nach bestimmten Themen im Unterricht, z. B. aktuelle politische Themen in Sozialkunde*
- *Räumlichkeiten für die Pausengestaltung schaffen, die zum Relaxen einladen*
- *Beschwerden über einen Lehrer, der nur frontal unterrichtet usw.*

– Der Klassenrat soll im Konfliktfall Lösungsvorschläge anbieten, die von den Betroffenen akzeptiert und umgesetzt werden. Dies wird umso schwieriger, je komplexer und weit gestreuter das Problem gelagert ist, wenn z. B. die Ursachen für ein Fehlverhalten im häuslichen oder gesellschaftlichen Bereich liegen.
Um dies an einem Beispiel zu demonstrieren: Ein Schüler stammt aus einem Elternhaus, das in einem Problemviertel liegt. Die Eltern sind so sehr mit sich selbst beschäftigt, dass sie sich um die Belange des Schülers nicht kümmern. Schlechte Schulleistungen sind die Folge. Außerdem droht dem Schüler ein Außenseiterdasein, das er mit seinem auffälligen Verhalten in der Schule selbst heraufbeschworen hat. Beleidigungen, Beschimpfungen, Gewaltandrohung sind seine Reaktionen. Kommen diese Beschwerden in den Klassenrat, ist ein sensibles Vorgehen angezeigt. Diesen Schüler in die Gemeinschaft zu integrieren und eine Verhaltensänderung herbeizuführen, ist ein langer Weg mit unendlich vielen kleinen Schritten, von denen man nicht weiß, ob sie erfolgreich sein werden. Das auffällige Verhalten muss benannt, aber gleichzeitig der betroffene Schüler nicht verletzt oder angegriffen, sondern aufgebaut werden. Der Klassenrat muss ihm ein Feedback zu seinem Verhalten geben. Da jeder Mensch auch über positive Seiten verfügt, sollte damit begonnen werden:

- *Gut an dir finden wir, dass …*
- *Uns hat sehr gefreut, dass du …*
- *Nicht so gut finden wir, dass …*
- *Kannst du dir denken, wie sich jemand fühlt, den du so nennst?*
- *Was würdest du denken, wenn dies jemand zu dir sagt?*
- *Wir schlagen dir vor, dass du …*
- *Es wäre nicht falsch, wenn du …*

Vielleicht ist es möglich, den Schüler mit solchen Hilfen auf einen Weg zu bringen, der letztlich deeskalierend und positiv bestärkend wird.

Auf keinen Fall – und dies gilt grundsätzlich für den Klassenrat – darf über Sanktionen oder Strafen gesprochen werden, erst recht keine Strafen verhängt werden, selbst wenn der Betroffene diese akzeptieren würde. Der Klassenrat ist kein Disziplinarorgan, in dem es um Schuld und Recht geht, sondern, wie schon mehrfach betont, kann es ihm nur um ein gemeinsames Suchen nach Lösungen und Absprachen, als Hilfestellung für den Einzelnen und die Stärkung der Gemeinschaft gehen. Wenn ein Betroffener freiwillig eine Art Wiedergutmachung anbietet, weil er sein Fehlverhalten einsieht, dann ist dies eine hilfreiche Geste, die gerne angenommen wird.

– Der Klassenrat bedarf auch der Information an die Eltern, nicht nur zu Beginn, sondern immer wieder sollte auf Elternversammlungen das Thema Klassenrat besprochen werden. Die Praxis zeigt, dass manche Eltern Bedenken gegen dieses Gremium haben. Sie befürchten, dass ihr Kind bloßgestellt, zu Unrecht beschuldigt oder an den Pranger gestellt wird. Es hat sich als hilfreich erwiesen, die Zielsetzung und Organisation des Klassenrates nicht nur zu erläutern, sondern die Eltern um Mithilfe zu bitten. Sie sollen ihr Kind bestärken, ein Anliegen, einen Wunsch oder auch eine Kritik einzubringen und vorzutragen. Eltern sollten es ablehnen, stellvertretend für ihr Kind die Problemlösung anzugehen, indem sie beispielsweise ein Gespräch mit dem Lehrer suchen. Natürlich ist das persönliche Gespräch mit dem Lehrer wichtig, aber ein solches Gespräch kann auch als Ausgangspunkt für eine Klassenratsinitiative gewonnen werden, wenn die Eltern das Kind ermutigen, selbst aktiv zu werden. Letztlich wird eine positive Bestärkung zu Hause dem Schüler helfen, selbst ein positives Verhalten gegenüber Schule und Klassenrat zu entwickeln.

– Es ist auch realistisch, dass im Klassenrat einmal keine Lösung für ein Problem oder einen Konflikt gefunden wird. An dieser Stelle ist zunächst der Lehrer gefragt, da die Schüler lernen müssen, mit einem solchen Fall sachgerecht umzugehen. Auf keinen Fall darf Druck auf die Mitglieder ausgeübt werden, um doch irgendwie zu einer Lösung zu gelangen. Dies wäre auch unter dem Gesichtspunkt der freiwilligen Akzeptanz kontraproduktiv. Stattdessen könnte die Situation nochmals geschildert und das Plenum gefragt werden, wie mit einem solchen Problem umgegangen werden kann:

- *Was können wir machen, um dieses Problem doch noch zu lösen?*
- *Hat jemand eine Idee, wie wir weiterkommen könnten?*
- *Ich bin sicher, dass ihr eine Lösung finden könnt!*
- *Jetzt aufzugeben, wäre mit Sicherheit ein falsches Signal.*

Mit solchen Hinweisen signalisiert der Lehrer, dass er seinen Schüler zutraut, das Problem weiter zu verfolgen, ohne dass er eine Lösung vorgibt.

Eine weitere Möglichkeit besteht darin, das Problem nochmals von vorn aufzurollen, vielleicht unter einem anderen Gesichtspunkt oder einer anderen Fragestellung. So können die Bedürfnisse der Betroffenen, ihre Gefühle oder Ansichten eventuell richtig gestellt, verdeutlicht und nachvollziehbarer werden.
Sollte es aber trotzdem zu keiner akzeptierten Absprache kommen, gibt es letztlich die Möglichkeit, die Besprechung zu vertagen und das Plenum mit einer Hausaufgabe zu beauftragen, indem es für die nächste Klassenratsstunde überlegen soll, wie das Problem einer Lösung näher gebracht werden kann.

Schließlich gehört der Lehrer auch zum Klassenrat, als einer unter vielen. Er kann selbst einen Lösungsvorschlag präsentieren, muss aber deutlich machen, dass es ein Vorschlag unter mehreren ist. Wenn die Schüler dies wissen und nicht glauben, sie müssten den Vorschlag annehmen, nur weil er vom Lehrer kommt, können sie vollkommen wertfrei über die Idee des Lehrers urteilen.

– Vor allem im Bereich der Wünsche kann es vorkommen, dass zu einem Vorhaben zwischen Lehrer und Schüler divergente Ansichten vorliegen. Nehmen wir als Beispiel die Planung eines besonderen Aktionstages, in dem es um die Säuberung des Schulgeländes geht.
  Dazu liegt ein Beschluss der Gesamtkonferenz vor, diesen besonderen Tag in der Schule durchzuführen. Jede Klasse soll sich hierbei ein Projekt aussuchen. Bei der Vorstellung dieses Vorhabens merkt der Lehrer eine grundlegend ablehnende Haltung der Klasse. Hier ist es wichtig, den Schülern im Vorfeld die rechtlichen Notwendigkeiten zu erklären – in diesem Fall, dass ein mehrheitlich gefasster Konferenzbeschluss umgesetzt werden muss. Unter diesen Voraussetzungen ist klar, dass es nicht um ein Ja oder Nein gehen kann, sondern nur um das Wie.

– In einem anderen Fall geht es um den Wunsch der Schüler, anlässlich eines Wandertages ins Freibad zu gehen. Hierin sieht der Lehrer, vor allem aus persönlichen Gründen, aber keinen Sinn. Sind rechtliche Gründe gegeben, falls der Lehrer beispielsweise nicht über die Berechtigung zur Beaufsichtigung schwimmender Schüler verfügt, ist dies den Schülern zu Beginn der Aussprache mitzuteilen. Schlecht wäre es in jedem Fall, wenn der Lehrer versucht, dies den Schülern auszureden und dabei jeden Vorschlag, beispielsweise einen Sportlehrer zu fragen, abzulehnen.
  Was geschieht, wenn in der persönlichen Abneigung des Lehrers der Grund für die Ablehnung liegt? Der Lehrer kann versuchen, seine Ablehnung dem Klassenrat zu verdeutlichen, indem er seine persönlichen Gründe offen anspricht. Aus dieser Offenheit wird sich in der Regel eine Diskussion über das Für und Wider ergeben. Sollten die Schüler dennoch auf ihrem Wunsch beharren und sich die Mehrheit für das Anliegen aussprechen, sollte der Lehrer, auch unter dem Geschichtspunkt der Glaubwürdigkeit, das Ergebnis akzeptieren. Die Praxis zeigt, dass sich persönliche Bedenken durch das Engagement der Schüler oft nicht bewahrheiten und am Ende sogar alle mit dem durchgeführten Projekt zufrieden sind.

Auch für den Fall, dass der Lehrer eine gefundenen Lösung nicht gut findet, sollte er diese mittragen, da sie von den Schülern kommt und diese verantwortungsvoll erarbeitet wurde. Wenn die Konfliktparteien sich auf eine Lösung geeinigt haben und diese für sie akzeptabel ist, hat der Klassenrat seine Aufgabe erfüllt. Es heißt jetzt, die Lösung zu erproben. Der Lehrer kann dies mit Kommentaren unterstützen.

- *Ich freue mich, dass ihr euch auf eine Lösung geeinigt habt.*
- *Gut, dass ihr mit eurer gefundenen Lösung zufrieden seid.*
- *Die Lösung ist akzeptiert: Versucht jetzt, diese umzusetzen.*

– Schwierig wird die Aussprache im Klassenrat, wenn es um Probleme mit Lehrern geht. Auf der einen Seite steht ein berechtigtes Anliegen der Klasse, auf der anderen Seite sollte nicht über abwesende Person gesprochen werden. Dies gilt im Übrigen auch für Schüler, die während einer Klassenratssitzung fehlen, oder für Schüler, die zu einer anderen Klasse gehören. Im Fall des fehlenden Schülers sollte die Behandlung des Falles verschoben werden. Ist jemand aus einer anderen Klasse betroffen, sollte dieser zu der Sitzung eingeladen werden (zusammen mit einem „Beistand" seiner Wahl). Außerdem sollte im Vorfeld Gespräche über den Konflikt mit ihm geführt werden, da er wissen sollte, worum es geht.

– Probleme mit Lehrern, die z. B. zu viele Hausaufgaben stellen oder immer nur Fußball im Sportunterricht spielen lassen, die für den Klassenrat eingereicht werden, sollten angehört werden, aber nicht im Sinne eines Anklagetribunals, sondern als sachliche Information über einen Tatbestand. Dann muss gemeinsam überlegt werden, wie man sich der Problematik stellen will, z. B. den betroffenen Lehrer zu der nächsten Klassenratssitzung einladen, den Klassensprecher oder Klassenratsvorsitzenden bitten, ein Gespräch mit dem Betroffenen zu führen, oder auch den Klassenlehrer als Vermittler einschalten. Sicher ist, dass hier vertagt werden muss und dass es keinen Ansatz geben kann, der den betroffenen Lehrer beschuldigt oder ihm Vorschriften macht.

– Zu Beginn der Arbeit mit dem Klassenrat hatte dieser meist kaum Zeit, den eingebrachten Anliegen aufgrund der ausführlichen Vorgehensweise gerecht zu werden. Manchmal konnten nur ein oder zwei Dinge besprochen werden. Die Praxis zeigt, dass die Moderation meistens viel schneller geht, wenn die Schüler eine gewisse Sicherheit im Ablauf gewonnen haben und dass nicht unbedingt alle Schritte so einzuhalten sind, wie sie theoretisch geschildert wurden. Hier „erfindet" der tagende Klassenrat sein individuelles Tempo, ohne dass die Grundprinzipien verletzt werden. Folgende Punkte sollten aber in jedem Fall berücksichtigt sein:

  • Zustimmung der Betroffenen
  • Konfliktbeschreibung aus der Sicht jedes Betroffenen
  • Lösungssuche
  • Lösungszustimmung
  • Vereinbarungen

  Umgekehrt kann es auch vorkommen, dass keine oder zu wenige Anliegen eingebracht werden. In einem solchen Fall sollte die Sitzung nicht ins Unendliche ausgedehnt, sondern zügig durchgeführt werden. Die verbleibende Zeit lässt dann z. B. für ein kurzes Training von Kommunikationsstrategien nutzen oder eine Reflexion über die Arbeit des Klassenrates.
  Oft hat auch der Lehrer Themen in petto, welche die allgemeine Situation in der Klasse betreffen, die dann zielbringend eingebracht werden können. Es besteht auch die Möglichkeit, die Schüler selbst herauszufordern und sie zu bitten, mithilfe eines Brainstormings oder Blitzlichts aktuelle Probleme, Wünsche oder Vorhaben zu verbalisieren:

- *Wir haben heute Zeit übrig, was brennt euch denn aktuell auf den Nägeln?*
- *Gibt es Dinge, die ihr gern mal besprechen möchtet, die bisher noch nicht im Klassenrat behandelt wurden?*

– Zu den Erfahrungen mit dem Klassenrat gehört auch die Einsicht des Lehrers (und evtl. der Schüler selbst), dass eine Rolle (z. B. die des Vorsitzenden) von dem Träger nicht ausgefüllt werden kann. Wie soll man dem entgegentreten, ohne den Betroffenen bloßzustellen? Hat sich ein Schüler für ein Amt gemeldet oder beworben und ist ausgewählt worden, kann von seiner grundsätzliche Bereitschaft und Motivation für das Amt ausgegangen werden.
Der Lehrer kann sich in der Anfangsphase hinter oder neben ihn setzen, um ihm bei Schwierigkeiten sofort mit Tipps unter die Arme zu greifen. Wird der Schüler dann in seiner Amtsführung sicherer, zieht sich der Lehrer allmählich zurück.
Wenn man merkt, dass ein Schüler mit der Amtsführung wegen der vielen kleinschrittigen Aufgabenstellungen überfordert ist, besteht die Möglichkeit, den Aufgabenbereich zu teilen und ihm Assistenten zur Seite zu stellen, die z. B. die Rednerlisten führen.
Sucht ein Schüler, der mit einer Amtsführung Probleme hat, von sich aus das Gespräch mit dem Lehrer oder einem Vertrauten aus der Klasse, können alle kritischen Punkte gezielt angesprochen und Wege zur Besserung aufgezeigt werden. Agiert der Schüler trotz der Probleme einfach weiter, liegt es am Lehrer oder einem Vertrauten (z. B. der Klassensprecher), das Gespräch mit dem Betroffenen zu suchen.
Scheitern alle diese Versuche, kann der Schüler von sich aus sein Amt zur Verfügung stellen. Im Vorfeld eines solchen Schrittes sollten ihm entsprechende Formulierungen an die Hand gegeben werden:

- *Ich stelle mein Amt zur Verfügung, da ich …*
- *Ich schlage einen Wechsel in der Ämtervergabe vor, da ich ….*
- *Ich möchte das Amt nicht mehr ausführen, da ich …*
- *Dies ist nicht mein Amt, ich fühle mich dabei nicht wohl.*
- *Ich danke für euer Vertrauen und eure Unterstützung, aber ich …*

Ist der Schüler nicht zur freiwilligen Aufgabe seines Amtes bereit, muss er trotzdem, gerade im Hinblick auf die Belastbarkeit der Institution Klassenrat und des einwandfreien Funktionierens, abgelöst werden. Es liegt im Ermessen des Lehrers, hier den richtigen Weg zu finden, ohne den Betroffenen zu verletzen. In jedem Fall sollte dem Betroffenen für die Ausübung seines Amtes gedankt und er damit positiv bestärkt werden.

– Nicht aus den Augen verlieren darf man bei der Arbeit mit dem Klassenrat die Kooperation mit Klassensprecher und Schülervertretung (SV). In den wenigsten Fällen wird der Klassensprecher und Klassenratsvorsitzende dieselbe Person sein. Es ist wichtig, dass Anliegen der Klasse, welche die gesamte Schule oder zumindest die Klassenstufe betreffen, vom Klassensprecher an die SV weitergetragen werden. Umgekehrt gehört es mit zu den Aufgaben des Klassensprechers, seine Klasse über SV-Sitzungen und deren Ergebnisse zu informieren.

Die dafür benötigte Zeit kann durchaus im Klassenrat zur Verfügung gestellt und damit die Person des Klassensprechers als Bindeglied zwischen Klasse und SV besonders gewürdigt werden. Es liegt auf der Hand, dass in einzelnen Fällen Beschlüsse des Klassenrates auf die gesamte Schule zurückwirken, z. B. bei dem Wunsch nach einer klassenübergreifenden Projektwoche. In diesen Fall ist es die Aufgabe des Klassensprechers, die Begründung für das Anliegen in der SV-Sitzung zu erläutern und seine ganze Kraft für eine mögliche Umsetzung einzubringen. Dabei darf die persönliche Meinung zu dem Vorhaben keine Rolle spielen.
Es gilt auch zu überlegen, ob nicht grundsätzlich im Klassenrat vor einer SV-Sitzung dessen Tagesordnung besprochen und die Positionen der Klasse zu bestimmten Fragen festgelegt werden. Damit erhält der Klassensprecher ein entsprechendes Mandat und weiß, wie er zu agieren hat.

5.3 So kann es mit dem Klassenrat weitergehen

In welcher Weise der Klassenrat fortgeführt wird, hängt von verschiedenen Faktoren ab. Ohne Wertung sind hierbei zu nennen:

- Wie ist die persönliche Einstellung des Lehrers zum Klassenrat?
- Der Wunsch der Schüler selbst: Möchten sie den Klassenrat in gewohnter Form oder in anderer Konstellation fortsetzen?
- Die Zusammensetzung der Klasse: Ist sie eine funktionierende Gemeinschaft oder trotz aller Bemühen immer noch ein Sammelsurium von schwierigen Schülern?
- Der Prozess der Verinnerlichung der Klassenratsformalien: Verfügen die Schüler über alle notwendigen Kenntnisse, um den Klassenrat auch ohne Hilfe durchführen zu können?
- Die im Schulalltag praktizierte Kommunikationskultur: Sind die Schüler in der Lage, miteinander sachgerecht und ohne Beleidigung von Mitschülern zu kommunizieren?
- Die Entwicklung von Empathie und Toleranz: Haben die Schüler gelernt, sich in den anderen hineinzuversetzen und auch Gegenmeinungen oder Vorstellungen zu tolerieren?

So gibt es Klassen, die auch später den Klassenrat in seiner ursprünglichen Form beibehalten, beispielsweise als wöchentliche Sitzung zum Besprechen von klasseninternen Angelegenheiten. In anderen Klassen wird der Ruf der Schüler nach Änderung oder Anpassung an ihre Wünsche immer lauter. Schließlich gibt es auch Schulen, die den Klassenrat in den oberen Klassen auslaufen lassen. Hier spielen natürlich auch die rechtlichen Bedingungen eine Rolle, die von Bundesland zu Bundesland verschieden sind und z. B. in der Stufe 10 keine Klassenleiterstunde mehr vorsehen.

Daher verstehen sich die folgenden Ausführungen als Möglichkeiten zum Ausbau bzw. Weiterentwickeln des Systems Klassenrat.

5 Weiterentwicklungen des Klassenrates

Wenn sich der Klassenrat etabliert hat und über eine längere Zeit durchgeführt wurde, werden sich die Grundbedingungen ändern. Die vielen kleinen Bagatellprobleme der Anfangszeit spielen immer weniger eine Rolle. Die Schüler haben gelernt, ihre Klassenkameraden einzuschätzen und mit ihnen umzugehen. Sie haben Verhaltensregeln erarbeitet und mehrfach revidiert. Ältere Schüler lösen, bedingt durch die langen Erfahrungen im Klassenrat und die Kenntnis entsprechender Strategien, Streitigkeiten und Konflikte meist untereinander, ohne dass diese vor den Rat getragen werden. Sie haben begriffen, wie sie miteinander kommunizieren können, ohne dass Streitigkeiten weiter eskalieren. Hinzu kommt, dass Jugendliche bestimmte Probleme nicht mehr vor einer breiten Öffentlichkeit besprechen möchten, sondern selbst Lösungswege suchen.

Deshalb wird oft ab der Klassenstufe 8/9 die bisher praktizierte Form des Klassenrates nicht mehr weitergeführt und stattdessen eine andere Form der Beteiligung gesucht. Es ist wichtig, dass diese Gesprächsrunde weiterhin einen festen Zeitrahmen in jeder Woche behält. Viele Schulen sprechen dann von Klassenleiterstunden, in denen drängende Fragen der Schüler diskutiert werden. Es gibt dann keinen Vorsitzenden und keine Ämter mehr, sondern es wird im Plenum über Vorhaben und Fragen gesprochen.

Bei älteren Schülern haben sich die Gesprächsanlässe verschoben. So interessiert sie z. B. die berufliche Orientierung und Fragen zu Praktikum, Berufswahl oder Bewerbung. Um solche Fragen zu erörtern, benötigen sie den Klassenrat in seiner ursprünglichen Form nicht mehr. Vielmehr ist der Einbezug von außerschulischen Kooperationspartnern wie z. B. Jobhelfern, Trainern oder Vertretern der Arbeitsagentur gefragt. Dies ist in einer Klassenleiter- oder Projektstunde effektiver zu nutzen.

Der eigentliche Klassenrat kann dann in größeren Zeitintervallen angesetzt werden, z. B. einmal im Monat, um sich dann vor allem den Wünschen oder Vorhaben der Schüler zu widmen.

Die Praxis zeigt aber auch, dass beim Auftauchen spontaner, scheinbar unlösbarer oder schwieriger Probleme oder Konflikte die Schüler in eigener Regie mit der Bitte an den Lehrer herantreten, mal wieder eine „richtige“ Klassenratssitzung abzuhalten. Die Verteilung entsprechender Ämter ist dann ebenso wenig ein Hindernis wie die notwendigen Formalien. Bei den Gesprächen ist in den meisten Klassen bemerkbar, dass die Schüler mehrheitlich in der Lage sind, genau auf den Punkt zu bringen, was das Problem ist und zwar in einem sachlich angemessenen Stil. In solchen Momenten zeigt sich, dass der Auftrag der Schule – Erziehung zum demokratischen Verhalten – praxiswirksam umgesetzt bei den Schüler auf fruchtbaren Boden gefallen ist.

Ein weiteres Feld sind die Planungen für besondere Vorhaben, die Schüler der höheren Klassen betreffen wie mehrtägige Klassen- oder Abschlussfahrten, Fragen der Abschlussfeiergestaltung, Abschluss-T-Shirt ... Bei diesen Anlässen wird wiederum gerne auf das Klassenratssystem zurückgegriffen. Hier ist in vielen Fällen wohltuend zu erfahren, dass die Kenntnisse über Gesprächsführung, Argumentation gerade bei diesen Anlässen verfestigt und Aussprachen meist ohne persönliche Verunglimpfung sachgerecht argumentativ umgesetzt werden.

Nach erfolgter Mehrheitsabstimmung ist eingespielt, dass ein Vorhaben angenommen und durchgeführt wird, egal wie der Einzelne persönlich zu diesem steht.

Die vorausgehenden Überlegungen schildern den Klassenrat als äußerst positive Einrichtung. Dabei wird er in der Realität nicht von allen Schülern so wahrgenommen, wie folgende Aussagen einzelner Schüler, die zufällig aufgeschnappt wurden, belegen:

- Der Klassenrat behandelt immer noch den lästigen Kleinkram (Streitigkeiten unter einzelnen Schülern) und das nervt total.
- Der Klassenrat ist die Stunde, in der man am besten pennen kann.
- Der Klassenrat ist ein Witz, in der 9. Klasse beschäftigen wir uns mit zerbrochenen Bleistiften oder versteckten Schulsachen.
- Den Klassenrat nutzen Schüler, um sich beim Klassenlehrer einzuschleimen oder um sich zu profilieren.
- Mir ist lieber, der Lehrer gibt die Richtung vor, als dass wir ständig im Klassenrat darüber diskutieren.

Wenn solche Schüleraussagen nicht Einzelfälle, sondern Mehrheitsäußerungen darstellen, ist bei der Nutzung des Gremiums Klassenrat sicher einiges schiefgelaufen. So etwas sollte der Lehrer aber bereits im Vorfeld registriert haben, denn mit dieser Einstellung werden sich Klassenratssitzungen als langweilig und unproduktiv mit den entsprechenden Disziplinschwierigkeiten präsentieren. Welche Möglichkeiten zum Eingreifen es dann gibt, wurde in den vorausgehenden Kapiteln beschrieben.

Sollte eine Klasse aus irgendeinem Grund beschließen, zukünftig auf den Klassenrat zu verzichten, wäre es schade, diese Einrichtung einfach so fallenzulassen. Warum nicht den Klassenrat dann mit einem gemeinsamen Frühstück oder einer anderen Feierstunde verabschieden, indem man viele positive Erinnerungen der letzten Jahre ins Gedächtnis zurückruft, in alten Protokollen stöbert, den einen oder anderen Streitfall nochmals schmunzelnd aufleben lässt, um so den Schülern die positive Wirkung dieses Gremiums abschließend vor Augen zu führen. Letztlich ist der Hinweis gestattet, dass bei Bedarf das Gremium spontan wieder zum Leben erweckt werden kann, selbst wenn es nur für eine einzige Sitzung ist. Schüler kommen gerne wieder auf diese Einrichtung zurück, wenn es für die Klasse Sinn ergibt.

5.4 Abschließende Zusammenfassung

Wie sich der Klassenrat durch die gesamte Sekundarstufe I zieht, kann abschließend durch folgendes Schaubild zusammengefasst und verdeutlicht werden.

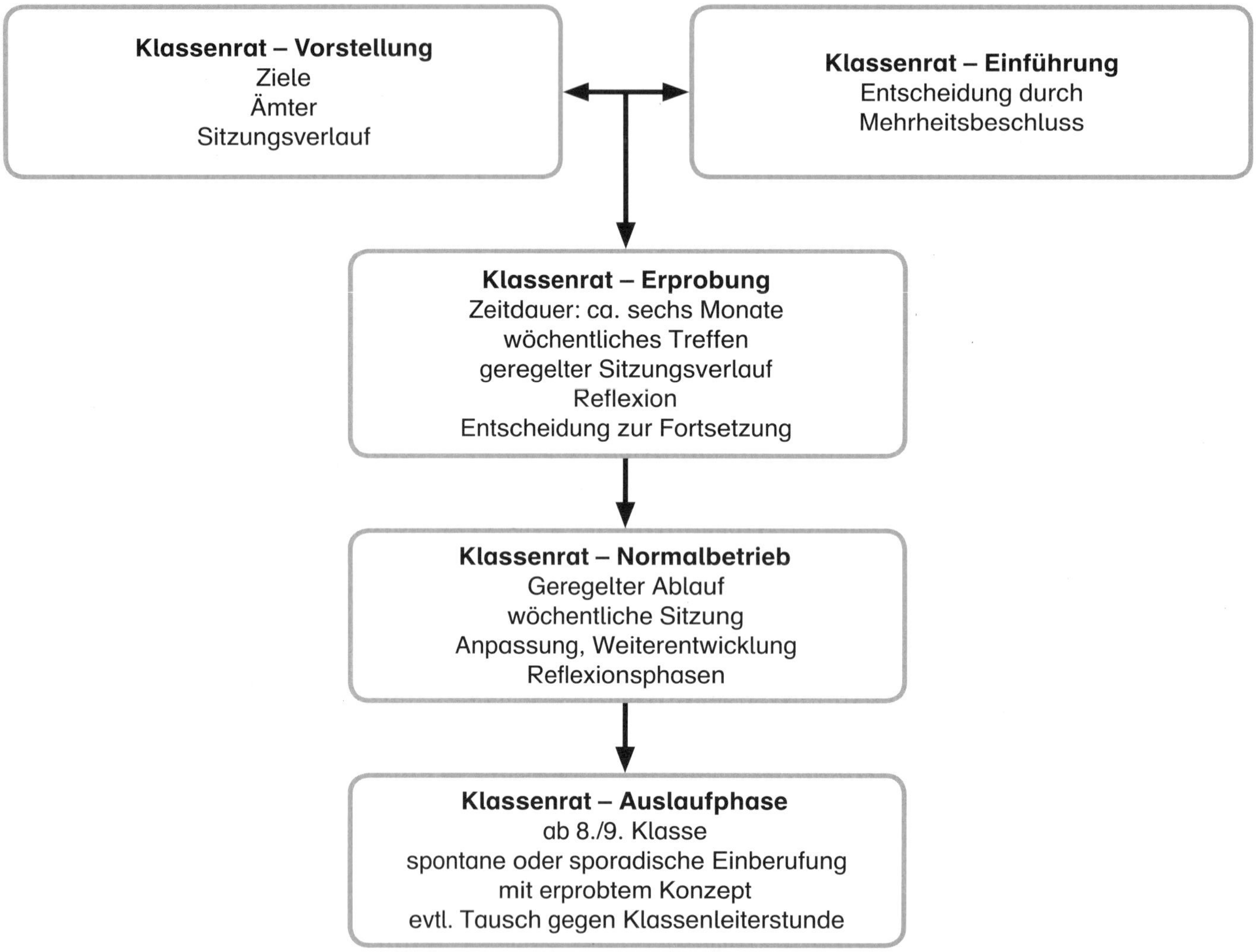

So wie die Demokratie trotz aller Mängel die beste der bisher bekannten Staatsformen darstellt, verhält es sich auch mit dem Klassenrat. Vielleicht ist der Klassenrat trotz aller Mängel das beste Gremium, um Partizipation, Gemeinschaft, Toleranz und Demokratie in die Schule zu bringen.

Abschließend lässt sich festhalten, dass die meisten Schüler den Klassenrat schätzen, ihn als geeignetes Gremium anerkennen und genau wissen, welche Vorteile sie aus den Sitzungen für den Schulalltag, aber auch ihre Persönlichkeitsentwicklung haben. Von daher kann man Schulen nur ermutigen, sich dem Klassenrat zu stellen und die damit verbundenen Chancen zu nutzen.

Eine solche Schule trägt in besonderem Maße die Verantwortung dafür, dass durch die Bereitstellung entsprechender Kompetenzen in den Schülern die Bereitschaft geweckt wird, demokratisches Handeln als grundlegend anzusehen, dieses selbst auszuprobieren und aktiv mitzugestalten.